CATALOGUE

D'UNE COLLECTION

DE

LIVRES & D'ESTAMPES

(Théâtre, Littérature, Beaux-Arts, Linguistique, Histoire, etc.)

PROVENANT DU CABINET DE M. PAGONKINE

DONT LA VENTE AURA LIEU

Les 5, 6 et 7 Décembre 1861

RUE DES BONS-ENFANTS, 28, MAISON SILVESTRE

Salle n° 1, à sept heures du soir.

Par le ministère de Mᵉ Jules **DELON**, Commissaire-Priseur à Paris,
23, rue de la Victoire;

Assisté de M. **CAMERLINCK**, Libraire, 28, rue des Bons-Enfants,
pour les Livres,

Et de M. **VIGNÈRES**, rue Baillet, 1, pour les Estampes,

Chez lesquels se distribue le présent Catalogue.

PARIS

RENOU & MAULDE

IMPRIMEURS DE LA COMPAGNIE DES COMMISSAIRES-PRISEURS
RUE DE RIVOLI, 144

1861

CATALOGUE

D'UNE COLLECTION

DE

LIVRES & D'ESTAMPES

**(Théâtre, Littérature, Beaux-Arts,
Linguistique, Histoire, etc.)**

PROVENANT DU CABINET DE M. PAGONKINE

DONT LA VENTE AURA LIEU

Les 5, 6 et 7 Décembre 1861

RUE DES BONS-ENFANTS, 28, MAISON SILVESTRE

Salle n° 1, à sept heures du soir.

Par le ministère de M° Jules DELON, Commissaire-Priseur à Paris,
23, rue de la Victoire;

Assisté de **M. CAMERLINCK**, Libraire, 28, rue des Bons-Enfants,
pour les Livres,

Et de **M. VIGNÈRES**, rue Baillet, 1, pour les Estampes,

Chez lesquels se distribue le présent Catalogue.

PARIS

RENOU & MAULDE

IMPRIMEURS DE LA COMPAGNIE DES COMMISSAIRES-PRISEURS
RUE DE RIVOLI, 144

1861

ORDRE DES VACATIONS

Le Jeudi 5 Décembre. . . . . . du numéro 1 à 160

Le Vendredi 6 Décembre. . . . id. 161 à 376

Le Samedi 7 Décembre. . . . . id. 377 à 563

Exposition chaque jour de Vente de 2 h. à 3 h.

CONDITIONS DE LA VENTE

Expressément au Comptant.

Cinq pour cent en sus applicables au frais.

Les Livres devront être collationnés sur place dans les vingt-quatre heures de la Vente ; passé ce délai, on n'admettra aucune réclamation.

AVERTISSEMENT

—

On ne trouvera pas, dans la collection que nous
mettons en vente, des raretés ni des curiosités biblio-
graphiques d'un haut prix; mais simplement des
ouvrages utiles et intéressants à divers points de vue,
recueillis pour l'étude et destinés à former avec le
temps une bibliothèque plus importante; le départ
de l'amateur qui l'avait entreprise amène la disper-
sion de ces matériaux avant que les diverses catégories
aient pu se compléter. Le rédacteur de ce catalogue
a été sobre de notes et de renseignements bibliogra-
phiques; il renvoie, pour cet objet, aux catalogues
Soleinne et Philippi, et à la bibliographie générale
du théâtre dans lesquels figurent presque tous les
ouvrages exposés ici.

Quant aux estampes, comme elles proviennent en
grande partie de la vente de M. de Philippi, qui a eu
lieu au mois de mai dernier, et dont le catalogue
est entre les mains de tous les amateurs, on a cru
pouvoir se borner à une simple nomenclature par
groupes, avec indication du nombre des pièces.

OUVRAGES RELATIFS AU THÉATRE.

HISTOIRE DU THÉATRE.

1. Dictionnaire des théâtres de Paris (par les frères Parfait). *Paris, Roget,* 1767; 7 vol. in-8, rel.

2. Dictionnaire dramatique contenant l'histoire des théâtres, les règles du genre dramatique, etc., le catalogue de tous les drames et celui des auteurs. *Paris, Lacombe,* 1776; 3 vol. in-8, rel.

3. Les Origines du théâtre en Europe (par Ch. Magnin). *Extr. de la Revue des Deux-Mondes,* 1834. — De la Mise en scène chez les anciens (par le même). Sept., 1839; 3 br. in-8.

4. Die altgriechische Bühne dargestellt von C. E. Geppert. *Leipzig, Weigel,* 1843; in-8, d.-rel., 6 pl. gr.

5. An Essay on the Drama first published in the supplement to the Encyclopedia Britannica 1819 (by sir Walter Scott). In-8, cart. (Réimpression de 1833.) — Pieces on various subjects from the english authors in prose and poetry, by J.-N. Blondin. *Paris, Fonrouge* (1796 ?) In-8, rel. angl.

6. Tableau historique de la littérature française depuis 1789, par M. J. de Chenier. *Paris, Maradan,* 1817; in-8, d.-rel.

7. Brazier. Histoire des petits théâtres de Paris depuis leur origine. Nouvelle édition, augmentée, etc. *Paris, Allardin,* 1838; 2 vol. in-18.

8. Histoire populaire de tous les théâtres de Paris depuis leur origine, etc., par Eugène Vanel. *Paris,* 1841; in-32. — Biographie historique de tous les théâtres de Paris depuis leur origine, etc., par Maximilien Perrin. *Paris, Dechaume,* 1850; in-32. — Guide dans les théâtres. *Paris, Paulin* et *Le Chevallier,* 1855; in-16, fig., cart.

9. Histoire philosophique et littéraire du théâtre français depuis son origine jusqu'à nos jours, par M. Hippolyte Lucas. *Paris, Gosselin*, 1843; in-12.

10. Molière musicien. Notes sur les œuvres de cet illustre maître et sur les drames de Corneille, Racine, Quinault, etc., par Castil-Blaze. *Paris, Castil-Blaze*, 1852; 2 vol. in-8.

11. L'Académie impériale de musique, histoire littéraire musicale, etc., de 1645 à 1855, par Castil-Blaze. *Paris*, 1855; 2 vol. in-8.

12. L'Opéra-Italien, de 1548 à 1856, par Castil-Blaze. *Paris*, 1856; in-8 de 544 pages.

13. Histoire du théâtre royal de l'Opéra-Comique, par Emile Solié. *Paris*, 1847; in-12.— Indicateur général des théâtres de Paris, Théâtre royal de l'Opéra-Comique, place de la Bourse. *Paris*, 1839; in-12, pl. — Albert de Lasalle. Histoire des Bouffes-Parisiens. *Paris, Librairie-Nouvelle*, 1860; in-32, rel.

14. Théâtre de Mons. Prospectus 1843-44. Direct. Haquette. In-8. — Prologue d'ouverture du théâtre d'Evreux, par L. Lemercier de Neuville, 23 avril 1852. *Evreux*, 1852; in-12. (*En vers.*)

———

15. Comentarj di Gio : Mario de' Crescimbeni intorno alla sua Istoria della volgar Poesia. *Roma, Ant. de Rossi*, 1702-1710; 4 vol. in-4, vél.

16. Descrizione dell' entrata della Seren. Giovanna d'Austria et dell' Apparato fatto in Firenze, etc. Scritta da Dom. Mellini. *Fiorenza Giunti*, 1566; in-12, vél.

17. Descrizione dell' Apparato e degl' intermedi fatti per la commedia rappresentata in Firenze, etc. *Firenze. Padovani*, 1589; in-4, d.-rel.

18. Teatro Celeste. (Les Comédiens en Paradis.) Commencements de la Comédie-Italienne en France (par M. Ch. Magnin). *Extr. de la Revue des Deux-Mondes du 15 déc.* 1847. In-8.

19. An Essay on spanish litterature containing its history, etc., followed by A History of the spanish drama, etc., by A. Anaya. *London, Boosey*, 1818; in-12, cart.

20. Théâtre espagnol. Le Drame historique (par Louis de Vieil-Castel). *Extr. de la Revue des Deux-Mondes,* nov. 1840. In-8. — La Comédie infernale. *Ibid.* In-8.

21. A Memoir of W. H. Murray esq. comedian with a sketch of the rise and progress of the theatre and anecdotes of the Stage in Edinburgh., *Edinburgh. Bertram,* 1851. In-24. — The National Drama or the histrionic war of the majors and minors, a grand! tragic!! romantic!!! operatic!!!! etc., drama, five acts in one. *London, Muers.,* 1833; in-8.

POUR OU CONTRE LES THÉATRES.

22. B. Basilii Seleuciae Isauriae Episc. concio in Olympicos Ludos ex Fed. Morello interpret. *Parisiis, Fed. Morellum,* in-12. — D. Francisci Mariae del Monaco, siculi drepanitani, etc., doct. theol. In actores et spectatores comoediarum nostri temporis paraenesis. *Juxta Patavii Exempl, edit, a* 1630. In-8.

23. Dissertation préliminaire de M. de S... à M. l'abbé C... sur le poëme dramatique, où l'on examine s'il est permis d'aller à la comédie, d'en faire et d'en représenter, etc. *Amsterdam, Pierre Le Cène,* 1729; in-12, d.-rel. — Trattato della Commedia del s^r Chanteresme, trad. in italiano dal Padre Alessandro Pompeo Berti. *Roma, Fulgoni,* 1752 ; in-12.

24. Des Comédiens et du Clergé, suivi des Réflexions sur le Mandement de Mgr l'archevêque de Rouen, par le baron d'Hénin de Cuvilliers. *Paris,* 1825; in-8. — Encore des Comédiens et du Clergé, accompagné d'une Notice sur le ministère français en 1825, et de quelques réflexions, etc., par le baron d'Hénin de Cuvilliers. *Paris, Audriveau,* 15 novembre 1825; in-8.

CONSTRUCTION DES THÉATRES.

25. L'Omaggio al Seren., etc., Ferdinando Maria Duca dell' una et altra Baviera Prestato dalla Seren. Elettrice Adelaide. etc., poesia di G. G. Alchaini. *Anno* 1656; in-4. (*Avec une pl. représentant le théâtre.*)

26. Disegni del nuovo Teatro de' quattro cavalieri eretto in Pavia l'anno 1773, opera del Cav° Ant. Galli-Bibiena. *Pavia, 1774. (Titre gravé, 2 ff. texte et 3 pl., grav. in-fol.. Très-curieux.*

27. Das neue Schauspielhaus zu Mainz erbaut und herausg. von D' Georg. Moller. *Darmstadt, Leske, 1831;* in-fol., 3 pl.

28. Lettres sur l'Opéra, par M. C... *Paris, Cellot, 1781;* in-12, plans. — Dans le même volume : Projet d'une salle de spectacle pour un théâtre de comédie (par Cochin). *Londres et Paris, Jombert, 1765;* in-12, plans, rel.

29. Annales d'architecture des arts libéraux, etc. Année 1809; 3 livr. in-8. (*Projets de théâtres.*)

30. Parallèle des théâtres modernes de l'Europe et des machines théâtrales françaises, allemandes, anglaises. Dessins de Clément Contant, texte par Joseph de Filippi. *Paris, Lévy fils, 1860;* 1 vol. gr. in-fol., d.-rel., m. r.

31. Exposé sommaire du plan en relief et machiné d'une nouvelle salle de théâtre, etc., par H. Barthélemy. In-8.— Une salle pour l'Opéra, par Jules Frey. *Paris, 1859;* in-18. — Projet d'un théâtre d'Opéra définitif pour la ville de Paris, suivant le programme, etc., par A.-L. Lusson. *Paris, Bourdin, 1861;* gr. in-4, fig. — Projet de loi sur le nouvel Opéra, etc. Juin 1861; in-8.

32. Registre où se trouve inscrit tout ce qui a rapport à la construction et au mécanisme du théâtre du Havre, commencé au mois de septembre 1822. Mss. in-4, d.-rel.

32 *bis.* M. S. Mécanique théâtrale anglaise. Texte manuscrit et planches en couleur. In-4. (*Précieux travail de M. Pugin, ingénieur anglais.*)

ADMINISTRATION DES THÉATRES.

33. Opéra-Comique. Lettres des sociétaires, 27 juillet 1827; in-8. — Recherches sur les causes de la décadence des théâtres et de l'art dramatique en France, par J.-P. Vallier. *Paris, Appert, 1841 (août).* In-8. — Mémoire sur la liberté des théâtres, par Duveyrier-Melesville fils. *Paris, 1861;* in-8.

34. Collection des rapports faits par M. Samson, sociétaire de la Comédie-Française, premier vice-président du comité de l'Association de secours mutuels entre les artistes dramatiques. Années 1840 à 1851. *Paris*, 1851; gr. in-8.
35. Traité de la police administrative des théâtres de la ville de Paris, par M. Simonet. *Paris, Thorel*, 1850; in-8.
36. Code-Manuel des artistes dramatiques et des artistes musiciens, par Emile Agnel, avocat. *Paris, Mansut, s. d. (1851);* in-12.

ART DRAMATIQUE.

37. Aristotelès und die Wirkung der Tragödie von Adolf Stahr. *Berlin, Guttentag*, 1859. In-8.— Gründlicher Unterricht über die Tetralogie des attischen Theaters und die Kompositionsweise des Sophocles, etc., von Adolf Schöll. *Leipzig, Winter*, 1859; in-8.
38. Epistola critica in Euripidis Alcestin scripsit ad Jan. Ten. Brink, Joannes Lenting. *Zutphaniae, Thieme*, 1821; in-8,. — Epistola de Euripidis Phaëthonte quam ad virum clariss., etc., scripsit Sebaldus Jan. Ever. Rau. *Lugduni Batav. Luchtmans,* 1832; in-8.
39. Dei viziie dei Difetti del moderno teatro, etc., di Laurisio Tragiense. (Bianchi), *Roma. Pallade*, 1753. In-4, vél. fig.
40. Réflexions sur le Comique-larmoyant, par M. M. D. C. (Chassiron), adressées à MM. Arcère et Thylorier, de l'Académie. *Paris*, 1749; in-12. — Essai sur la connaissance des théâtres français. *Paris, Prault père*, 1751; in-12.
41. Les Leçons de Thalie, ou les Tableaux des divers ridicules que la comédie présente, etc. *Paris, Nyon fils*, 1751; 2 vol. in-8, rel.
42. Lettre d'un original aux auteurs très-originaux de la comédie très-originale des Philosophes. *A Berlin*, 1760; in-12. — Préface de la Comédie des Philosophes. *Paris*, 1760; in-12. — Les Quand adressés à M. Palissot et publiés par lui-même. 1760; in-12.
43. De l'Art de la comédie. Nouvelle édition ; ouvrage dédié à Monsieur, par M. de Cailhava. *Paris, Duchesne*, 1786; 2 vol. in-8, rel.

44. Paradoxe sur le comédien. Ouvrage posthume de Diderot. *Paris, Sautelet*, 1830; in-8.

45. Les Beaux-Arts aux États-Unis d'Amérique. Deux discours prononcés à New-York, par M. M.-D. Tajan-Rogé : 1º Arts plastiques; 2º Etat général de la musique et de l'Opéra lyrique. *Paris, B..stel*, 1857; in-8. — Examen critique de la Bourse, comédie en 5 actes, en vers, de Fr. Ponsard, par J. Maret-Leriche. *Paris*, 1856; in-32.

46. Histoire de la mode en France, par E. de la Bédollière. *Paris, Lévy*, 1858; in-32. (Collect. Hetzel.)

47. Dialogues critiques, ou Résumé des discours, discussions, critiques, jugements ou sottises que l'on entend chaque jour dans les loges, les foyers et les coulisses de nos différents théâtres. *Paris, Dondey-Dupré*, 1811; in-8. — Petits albums. Les Actrices, par Damourette et Talin. *Paris, Philippon* (1854?); in-4. fig.

48. Physiologie du théâtre par un journaliste (Couailhac). Vignettes par Emy et Birouste. *Paris, Laisné*, 1841; in-32, fig., cart. — Petit Dictionnaire des coulisses, par Jacques le souffleur. *Paris*, 1835; in-18, br.

49. Sur la scène et dans la salle. Miroir des théâtres de Paris, par Amédée de Jallais. *Paris, Dagneau*, 1854; in-18. — Henri Murger. Propos de ville et propos de théâtre. *Paris, Lévy*, 1854; in-24.

SUR LA MUSIQUE ET SUR LA DANSE.

50. J.-J. Rousseau. Dictionnaire de musique. *Genève*; 1782; 2 vol. in-8, rel., pl.

51. Collection, etc., des œuvres de J.-J. Rousseau. Tome 16, contenant diverses pièces sur la musique. *Genève*, 1782; in-8, rel.

52. Rossini et sa musique. *Paris, Bettoni*, 1836; in-8.

53. La Méthode musicale Galin-Paris-Chevé. Exposé historique, par Alphonse Pagès. *Paris*, 1860; in-8. — École Galin-Paris-Chevé. Problème musical, historique, pédagogique, prophétique, par A.-L. Montandon. *Paris Taride*, 1861; in-8.

54. Brevi Notizie storiche sulla congregaz. ed accad. de Maestri e Professori di Musica in Roma, etc. (Santa Cecilia) scritte da P. Alfieri. *Roma, Salvioni,* 1845; in-8.
55. La Danse ancienne et moderne, ou Traité historique de la danse, par M. de Cahusac. *A la Haye, Neaulme,* 1754; 3 vol. in-24 rel. en un.
56. La Danse, ou les Dieux de l'Opéra. Poëme par J. Berchoux. *Paris, Gignet et Michaud,* 1806; in-12, grav., d.-rel.
57. Manuel complet de la danse, etc., par M. Blasis. *Paris, Roret,* 1830; in-18, fig.

ROMANS SUR LE THÉATRE.

58. La Comédienne fille et femme de qualité, ou Mémoires de la marquise de ***. Première partie (et seconde). *Bruxelles,* 1756; in-8, rel.
59. Les Dangers des spectacles, ou les Mémoires de M. le duc de Champigny, par M. le chev. de Mouhy. *Paris,* 1780; 3 vol. in-12, cart.
60. La Vie d'une comédienne, — Minette, — le Festin des Titans, par Théod. de Banville. *Paris, Lévy,* 1855; in-16.

BIOGRAPHIE THÉATRALE.

61. Petite Biographie des acteurs et actrices des théâtres de Paris, 4e édit. *Paris,* 1833; in-18. — Les Acteurs et les Actrices de Paris. Biographie complète, par Emile Abraham. *Paris,* 1861; in-12.
62. Galerie historique des acteurs du Théâtre-Français depuis 1600 jusqu'à nos jours, par P.-D. Lemazurier. *Paris, Chaumerot,* 1810; 2 vol. in-8, fig., cart.
63. Les Fastes de la Comédie française et portraits des plus célèbres acteurs, précédé d'un aperçu sur sa situation présente, par Ricord aîné. *Paris, Alexandre,* 1821; 2 vol. in-8, d.-rel.
64. P.-L. Jacob, bibliophile. La Jeunesse de Molière, suivie du Ballet des Incompatibles, pièce en vers, inédite, de Molière; avec une lettre au bibliophile Jacob, par Félix Delhasse. *Paris, Delahays,* 1858; in-32.

65. Mémoires sur la Vie de Jean Racine (par Louis Racine fils). *A Lausanne et à Genève, Marc-Michel Bousquet et Ce*, 1747; in-12. *On y a joint :* Discours prononcé à l'Académie, Fragments historiques sur l'Ecriture sainte, Hymnes, Discours, le Siége de Namur, etc. Rel.

66. Mémoire pour Pierre-Auguste Caron de Beaumarchais. 16 janvier 1775; in-4 (*emboîté dans une belle rel.*).

66 bis. Mémoires inédits de Ducis, publiés d'après ses manuscrits autographes, par M. Campenon. *Paris, 1839*; in-8, cart.

67. Aventures burlesques de d'Assoucy, nouvelle édit., avec préf. et notes, par Emile Colombey. *Paris, Delahays, 1858*; in-12, pap. vergé, portr., cart. en toile.

68. Biographie de Spontini (par de Lomenie). (*Paris, 1842?*) in-8. — Biographie d'Ernest Visconti (par Ch. Villagre et de Quincy!, de Corti, de Picco, etc.

69. Notice historique sur Préville, par Dazincourt, comédien français. *Paris, Giguet,* an VIII; in-8. — Mémoires de Préville, membre associé de l'Institut national, etc. *Paris, Guitel,* 1812; in-8, portr.

70. Mémoires de Préville et de Dazincourt (par M. Alexis Cahaisse), revus, corrigés et augmentés d'une notice, par M. Ourry. *Paris, Bodouin,* 1823; in-8, d.-rel.

71. Brunetiana, seizième édit., contenant les facéties et les bons mots de M. Brunet, etc., avec son portrait, etc., par Anagrame Dauneur. *Paris, Mme Cavanagh,* 1809; in-32, fig., cart.

72. Etudes rétrospectives sur l'état de la scène tragique de 1815 à 1830. Pierre Victor. Recherches artistiques, etc., par Germain Sarrut. *Paris, Krabbe,* 1843; in-8.— Compte rendu des journaux après les débuts de M. Bouchet. *Paris,* in-8. — Biographie de Charles Debureau fils. Biographie de Melingue et de Mme Laurent. *Paris,* 1855-61; in-8.

73. Biographie de Louis-Adolphe Laferrière. *Paris, Dechaume* (1855?); gr. in-4, portr. en pied. — Réponse à de faux bruits, par Laferrière. *Paris,* 1855; in-8, gr. — Biographie de Laferrière. *Paris, Dechaume,* 1855; in-8, portr.

74. Mlle Rachel et sa troupe en province, satire, par Auguste Roussel. *Paris, Lévy*, 1849 ; in-12. — Rachel. Détails inédits, par A.-P. Mantel, avec fac-simile. *Paris, Ad. Delahays*, 1858 ; in-37.

75. Les Adieux de Mme Stoltz, sa retraite de l'Opéra, sa vie théâtrale, etc., orné de son portrait, par Corneille Cantinjou. *Paris, Breteau*, 1847 ; in-12, portr. — Rosine Stoltz, Maxime et Mlle Lavoye, par Mme Eugénie Pérignon. 1847 ; in-8.

76. Mémoires de George-Anne Bellamy, actrice du théâtre de Covent-Garden, trad. de l'anglais, par A.-V. Benoist. *Paris, Nicolle*, an VII ; 2 vol. in-8, port.

77. Lettres sur la Ristori, et considérations sur l'art théâtral en France. *Paris, Havard*, 1856 ; in-18. — Etudes sur l'art contemporain. Mme A. Ristori, ses représentations aux Italiens et à l'Odéon, par Marc Trapadoux, avec port. *Paris, Dentu*, 1861 ; in-8.

78. Catalogue d'une belle collection d'autographes, manuscrits, documents, etc. *Paris, Laverdet*, 1859 ; in-8. — Catalogue d'une belle collection de lettres autographes (artistes dram.). *Paris, Laverdet*, 1861 ; in-8.

ALMANACHS.

79. Les Spectacles de Paris, ou Calendrier hist. chron. des théâtres, etc., année 1765. *Paris, Duchesne*, in-32, rel., m. r.

80. Almanach des Muses, 1777. *Paris, Delalain* ; in-12, rel. m. r.

81. Almanach littéraire, ou Etrennes d'Apollon, pour l'année 1785 (1786), etc. *Paris, veuve Duchesne* ; 2 vol. en un in-18, fig. au front., rel.

82. Les Dîners du Vaudeville, 29 pluviôse an VII. *Paris, Rondonneau*, in-18, d.-rel. (*Quelques taches.*)

83. Le Nouveau Chansonnier du Vaudeville pour 1814. *Paris, Chaumerot* ; in-18, fig., rel.

84. Le Chansonnier des Théâtres, ou Choix de Couplets chantés, etc. 1re année. *Paris*, 1825 ; in-18, fig., cart.

85. Fleurs et Epines, almanach de la cour et de la ville, en 12 livraisons, janvier à septembre 1842. *Paris, rue Monthabor*, 38 ; 7 pet. vol. in-18, portr.

86. Annuaire dramatique pour 1845, etc. *Bruxelles, Lelony*, 1845 ; in-12 (par Félix Delhasse).

87. Almanach de la Littérat., du Théâtre et des Beaux-Arts, avec une histoire littéraire de l'année, par J. Janin, illustré, etc. *Paris, Pagnerre*, 1855 ; in-8. — Almanach musical pour 1855. *Paris, Escudier*, petit in-4, fig. — Le même, 1857. — — 1858.

JOURNAUX.

88. Le Courrier des Spectacles, journal (de Charles Maurice), de 1823 à 1847 (*incomplet*) ; 11 vol. in-4 et petit in-fol., dont 2 d.-rel.

89. La Caricature, revue morale, etc. *Paris*, 1839 ; gr. in-4, fig. — Aujourd'hui, journal des modes ridicules. 1839 ; gr. in-4, fig. — La Gastronomie, programme des spectacles, etc. *Paris*, 1840 ; gr. in-4, fig. (*Tous les trois incomplets.*)

90. La France théâtrale, journal des intérêts artistiques et littéraires. *Paris (Privat, réd. en chef)*, 1843 et 1844 ; 2 vol. in-4.

91. Le Monde musical, journal, etc. *Paris, Bernard Latte*, 1844 ; in-4 (*incomplet*).

92. Gazette des Femmes, journal littéraire, artistique, etc. *Paris*, 1845-46 (six mois) ; *fig. color.*, gr. in-4, cart.

92 bis. L'Entr'acte, journal, etc. *Paris*, 1861 ; 1er semestre complet ; 1 fort vol. in-fol., br.

93. The Drama or Theatrical Pocket-Magazine wholly dedicated to the stage. *London, Elvey*, 1821-1825 ; 7 vol. in-18, fig., d.-rel. (*Collection intéressante et rare.*)

93 bis. The Entr'Acte and Daily programme, etc. *London*, 1859-60 ; 1 fort vol. in-fol. (*incomplet*).

94. Nord-œstlicher Erzæhler und Allgemeine Theaterkronik, etc. Ein Wochenblatt. Rédacteur : Heinrich Meyer. *Hamburg*, 1856 ; in-4.

95. Un lot de journaux de théâtres, de 1825 à 1861 : Le Corsaire. — La **Lorgnette**. — La **Pandore**. — Le **Diable boiteux**. — **Nouvelles des Théâtres**. — L'**Eclair**. — L'**Univers musical**. — L'**Echo**. — Le **Foyer dramat**. — Le **Journal de Paris**. — La **Galerie**. — L'**Entr'acte**. — **Vert-Vert**. — L'**Argus**. — La **Renommée**. — La **Mélomanie**. — L'**Avant-scène**. — **Revue et Gazette des Théâtres**. — L'**Eventail**. — Le **Programme**. — Le **Rôdeur des Théâtres**. — Le **Succès**. — Le **Journal des Beaux-Arts**. — Le **Mercure des Théâtres**. — Le **Concert**. — Le **Daguerréotype théâtral**. — Les **Archives dram**. — Le **Courrier des Spectacles**. — Le **Panorama dram**. — Le **Nouvelliste**. — L'**Orchestre**. — La **Comédie**. — Le **Moniteur dram**. — Le **Moniteur des Théâtres**. — La **Caricature**. — L'**Europe artiste**. — L'**Album théâtral**. — L'**Union instrumentale**. — L'**Album des Théâtres**. — **Figaro-Programme**. — **Vert-Vert**. — Le **Monde artiste**. — Le **Monde dramat**. — La **Presse théâtrale**. — La **Causerie**. — **Divers de Paris**. — **Divers des départements et de Londres**.

95 *bis*. Un lot de journaux de théâtres étrangers : Le **Furet de Londres**. — **The musical World**. — La **Croce di Savoia**. — Il **Trovatore**. — Il **Pirata**. — La **Gazetta dei Teatri**. — L'**Arpa**. — La **Gazetta musicale**. — L'**Arte**. — L'**Armonia**. — Le **Scintille**. — **Scaramuccia**.. — Il **Farfarello**. — Il **Cosmorama pittorico**. — La **Fama**. — L'**Italia musicale**. — El **Entre-Acto**. — **Divers d'Italie, d'Espagne, de Portugal, d'Allemagne**, etc.

95 *ter*. Un lot de journaux de musique : Le **Ménestrel**. — La **Gazette musicale**. — La **France musicale** (1860).

SUR PARIS.

96. Le Voyageur à Paris, extrait du Guide des Amateurs, etc. *Paris, Gattey*, 1790 ; 2 parties rel. en 1 vol. in-18, pl.

97. Plan routier de la ville et faub. de Paris, divisé en 12 municipalités, 1798. *Paris, Jean* ; une feuille cart. in-8. — Plan routier de la ville et faubourgs de Paris, divisé en 12 mairies, 1801, an IX. 1 feuille dans un étui. — Plan iti-

néraire et administratif de Paris, par **Perrot**, orné des
32 principaux monuments. 1839; cart.

98. Atlas topographique en 16 feuilles des environs de Paris, par dom Coutans, bénéd., revu, etc., par Ch. Picquet. *Paris*, 1800; in-fol., cart.

99. Le Père Lentimèche, ou Paris en caricature, par L.-M.-H. *Paris, Basset et Martin*, 1805; in-12, cart.

100. Le Guide des Etrangers aux monuments publics de Paris, par Aubry. *Paris, Aubry*, 1810; in-24, rogné. — Les Origines de Paris, par Mme la marquise Blanche de Saffray. *Paris*, 1860; in-12.

101. L'Hermite du Marais, ou le Rentier observateur (par Edme Paccard). *Paris, Laurens, Pelissier*, 1819; 2 vol. in-12.

102. Recherches statistiques sur la ville de Paris et le département de la Seine. Recueil de tableaux, etc. *Paris*, 1823; in-4, d.-rel.

103. Panorama de la ville de Paris et Guide de l'Etranger à Paris, etc., par J.-A. Dulaure. *Paris, P. Corneille*, 1824; in-18, fig. et plan, d.-rel.

104. Manuel complet du Voyageur dans Paris, etc. *Paris, Roret*, 1831; in-18, fig. et pl., d.-rel.

105. Carte descriptive, statistique et nominative de la 10ᵉ exposition industrielle et artistique faite en 1844, etc., par V. de Moléon. In-fol., pliée in-4 dans un carton.

106. Paris historique et monumental depuis son origine jusqu'en 1851, offrant la description des accroissements successifs, etc. *Paris, Ruel aîné*, 1851; in-8, grand, illustré sur bois.

107. Plan géométral de la ville de Paris, par Girard. *Paris, Andriveau Goujon*, 1852. (*Une très-grande feuille montée sur toile dans un étui.*)

108. Alfred Delvau. Les Dessous de Paris, avec une eau forte de Léopold Flameng. *Paris*, 1860; in-12.

109. Paris inconnu, par Privat d'Anglemont, précédé d'une étude sur sa vie, par Alf. Delvau. *Paris*, 1861; in-12.

POLYGRAPHES.

110. Opere del conte Gasparo Gozzi viniziano. *Bergamo*, *Fantozzi*, 1825 ; 15 vol. in-12, portr.
111. Fr. v. Schiller's sœmmtliche Werke (œuvres complètes). *Calsrhue*, Classiker, 1818 ; 18 vol. in-8, d.-rel.

BIBLIOGRAPHIE.

112. Bibliothèque dramatique de M de Soleinne, catalogue rédigé par P -L. Jacob, bibliophile. *Paris*, *Administration de l'Alliance des Arts*, 1843-45 ; 12 parties en 5 vol., d.-rel.
113. Essai d'une Bibliographie générale du Théâtre, ou Catalogue raisonné de la bibliothèque d'un amateur, complétant le catalogue Soleinne. *Paris*, *Tresse*, 1861 ; in-8, d.-rel. m. r. (*Tiré à 200 exempl.*)
114. Catalogue de la Bibliothèque théâtrale de M. Joseph de Filippi, 1re et 2e partie. Catalogue des Estampes et Dessins. En tout 3 parties en 1 vol. in-8, interfolié, d.-rel. mar. bl.
115. Le même. *Papier vergé (tiré à dix exemplaires)*, non coupé.
116. Catalogue général des pièces de théâtre anciennes et nouvelles, parues jusqu'à ce jour, de J.-N. Barba, libraire (1848) ; in-8. — Catalogue de livres, la plupart relatifs à l'art dramatique (de Lassabathies). *Paris*, *Delion*, 1853 ; in-8. — Catalogue d'une coll. précieuse de pièces de théâtre, etc., provenant de la biblioth. de M. (Ternaux). *Paris*, *Lavigne*, 1856 ; in-8.

---

117. Bulletin du Bouquiniste, publié par Auguste Aubry, libraire, avec la collaboration... etc. *Paris*, 1857-1861 ; 9 vol. in-8, non rognés. Collection complète avec les tables.
118. Biblioteca italiana o sia notizia de' libri rari nella lingua italiana, etc. *Venezia*, *Ceremia*, 1736 ; in-4, d.-rel.

119. Della Eloquenza italiana di monsignor Giusto Fontanini, arcivescovo d'Ancira, libri tre, etc. *Venezia, Zane*, 1837; in-4, rel. en vel.

120. Divers catalogues de musique de : Riccordi. Lucca (Milan), Clausetti (Naples), Colombier, Escudier, etc. In-8 et in-4.

121. Catalogue des planches gravées composant le fonds de la calcographie du Louvre. *Paris, Vinchon*, 1851. — Catalogue de la collection d'Estampes anciennes provenant du cabinet de M. H. de L. (His de Lasalle). Vente 21 avril 1856. *Paris, Defer*, 1856; in-8. — Alliance des arts. Catalogue des estampes anciennes formant la collection de M. Delbecq de Gand. *Paris*, 1845; in-8. — Notice d'ouvrages d'architecture, estampes et dessins, décorations théâtrales et œuvres de Caldesi. *Paris, Vignères*; in-8. — Galerie théâtrale de M. H. A. Soleirol, tableaux, pastels, sculpture, livres. *Paris, Vignères*; in-8.

122. Catalogue des livres de la bibliothèque de feu M. . *Paris. Silvestre*, 1807; in-8 (*avec les prix*).

123. Catalogue des livres doubles de la bibliothèque de la ville de Lyon. *Lyon, avril* 1831; in-8 (7,000 numéros).

124. Catalogue de la bibliothèque de feu M. de Lamberty (d'Aix). *Paris, Silvestre*, 1842; in-8 de 260 pages. — Catalogue de la bibliothèque de feu M. Charles Nodier, etc. (prix). *Paris, Techener*, 1844; in-8.

125. Catalogue de livres rares et précieux composant la prem. partie de la bibliothèque de M. J. Taylor. *Paris, Techener*, 1848; in-8 de 511 p. — Bibliothèque de M. Quatremère de Quincy. Collection d'ouvrages relatifs aux beaux-arts, etc. *Paris, Leclerc et Delion*; in-8.

126. Catalogue des livres, estampes et dessins composant la bibliothèque de feu M. Armand Bertin. *Paris, Techener*; in-8.

127. Catalogue des livres rares et précieux composant la bibliothèque de M. Ch. G. Giraud. *Paris, Potier*; in-8. — Catalogue des livres de feu M. Ch.-Henry Bailleul. *Paris, Labitte*; in-8 (2,396 numéros).

128. Catalogue de livres rares et précieux, etc., de M. C. R. Riva (de Milan). *Paris, Potier*, 1857; in-8 (2,083 numéros). — Catalogue d'une belle collection de livres rares et précieux provenant du cabinet de M. M. de C. *Paris, Techener*, 1860; in-8 (819 numéros.) — Catalogue de livres rares et précieux provenant de la collection de M. G. G. de Br... *Paris, Potier*, 1860; in-8 (1,026 numéros). — Catalogue des livres rares et des manuscrits précieux composant la bibliothèque de feu M. Lechaudé d'Anisy. *Paris, René Muffat*, 1861; in-8. — Catalogue des livres manuscrits e imprimés composant la bibliothèque de feu M. de Cayrol. Vente 29 avril 1861. *Paris, Potier*, in-8.

129. Catalogue des livres de théologie, jurisprudence, sciences et arts, etc., composant la bibliothèque de M. L. T. M. *Paris, Potier*, in-8. — Catalogue de livres anciens et modernes, etc., composant la bibliothèque de M. X. *Paris, Aubry;* in-8. — Catalogue de livres anciens, rares et précieux. *Paris, Potier*, in-8. — Catalogue des livres, manuscrits et estampes ayant formé le cabinet de feu M. Joseph Paelinck. 2ᵉ partie. Livres et manuscrits. *Bruxelles, Heussner*, 1860; in-8. — Catalogue de la bibliothèque de M. d'Hauteclair, formée en partie de celle de M. d'Anville. *Paris, Meugnot*, 1860; in-8. — Catalogue d'une magnifique collection de livres provenant de plusieurs bibliophiles, etc. *Bruxelles, Heussner*, in-8. — Catalogue des livres rares et précieux provenant de la bibliothèque de feu le marquis de Terzi de Bergame. *Paris, Camerlinck;* in-8. — Catalogue de livres anciens et modernes prov. de M. Combes-Sieyès, et d'ouvrages rares en italien et en espagnol, etc. *Paris, Alvarès*, 1861; in-8. — Bibliothèque C. B (Charles Blanc). Livres d'art et de curiosité. *Paris, Aubry*, 1861; in-8.

130. A Catalogue of the magnificent and celebrated library of Maffei Pinelli late of Venice, etc. *London, Robson and Clarke* (1789); in-8, 2 vol.

131. Catalogo dei libri che si trovano vendibili presso Luigi Du Molard, libraio in C. santa Radegonda. *Milano;* in-12 (1822). — E.-L.-J.-E. Audin. Catalogue de livres imprimés et manuscrits. *Florence, Lemonnier*, 1839; in-8, gr. — Catalogo delle opere antiche e moderne italiane e forestiere

che sono vendibili nella libreria di Giov. Gallarini in Roma. Parte prima. *Agosto*, 1856; in-8, gr. — Verzeichniss der von J. K. Hoheit der verstorbenen Frau Grossherzogin Stephanie von Baden nachgelassenen Bibliotek. *Francfurt a. M.*: Januar 1861; in-12. — Bibliotheca Schœenborniana. Librorum catalogus universas antiquitatis studii disciplinas, etc. *Berolini, Sti-Calvarii* (1858?); in-8.

132. De la Restauration des vieilles reliures, complément de l'Essai sur l'art de restaurer les estampes et les livres, par A. Bonnardot. *Paris*, *Castel*, 1858; in-12. — Réponse de M. Libri au rapport de M. Boucly, publié dans le *Moniteur* du 19 mars 1848; in-8. — Mémoire sur les irrégularités de la procédure criminelle suivie contre M. Libri, par Henry Celliez, etc. *Paris*, 1861; in-8..

(Voir le supplément à la page 55)

II.

PIÈCES DE THÉATRE.

THÉATRE GRÉCO-LATIN.

133. Sophoclis Tragœd. septem (Graece). Exhibet J.-M. Sucrius Du Plan. *Parisiis, Didot,* 1787; 2 tomes en 1 vol. in-12. cart. — ΕΥΡΙΠΙΔΟΥ ΡΗΣΟΣ, Reso di Euripide, trag. del P. Carmeli. *Padova, Manfrè,* 1749; gr. in-8 non rogné. (*Texte grec et italien.*)

134. ΑΡΙΣΤΟΦΑΝΟΥΣ ΠΛΟΥΤΟΣ. Il Pluto d'Aristofane, com. prima greco-ital., in versi con annot. di Gio. Batt. Terucci. *Firenze*, 1751; in-4 pet.

135. ΑΡΙΣΤΟΦΑΝΟΥΣ ΝΕΨΕΔΑΙ. Aristophanis Nubes, comœdia cum Scholiis, etc., ex recens. Ludolphi Kusteri. *Harderovici, J. Wigmans,* 1744; in 8, rel. — The Clouds of Aristophanes, acted at Athens in the second year of Olymp. 89, Aminias being archon. (*Londres*, 1797; in-8.)

136. M. Acci Plauti Captivei ad XVII vett. Cod. fidem emen. atque com. instr. Franc. M. Avellinius. *Neapoli, Morellius,* 1807; in-4, br., n. coupé.

137. Trinummus M. Acci Plauti, fabula contracta et expur-
gata. — I Tre Oboli, commedia di M. Accio Plauto, etc.
Parma, Stamp. reale, 1780 (ital.-latin). A la fin du volume : Ballo pantomimico, etc. In-4, fig. cart. (*Avec les
noms des acteurs.*)

138. Terentii Afri Comœd. sex. *Londini, Bradley*, 1744; pet.
in-12, rel. (1 f. mss.)

139. Commedie di P. Terenzio, trad. da V. Alfieri. *Londra*,
1804, 2 v. in-8 (*n. coupés*).

140. Comedia detta degli Adelphi di Publio Terentio Carthag.
nuovam. di latino in Thoscano trad. da M. Alberto Lollio.
In Vinegia, Giolito, 1554; in-12, vél.

141. L.-A. Senecæ Tragœdiæ ad edit. Gronovii emend cum
notis Th. Farnabii, etc. *Amstelædami, Janssonio-Wæsber-
gios*, 1713; in-16, fig. au front.

142. Querolus, sive Aulularia incerti auctoris Comœdia togata
quam auctam adnotat., etc. Cornelius Klinkhamer. *Am-
stelodami, Gartman*, 1829; in-8, cart.

143. Hugonis Grotii Leidender Christus Trauerspiel (*Christus
patiens*) aus dem beigef. Lateinischen, Texte ins Teutsche
ubersetzet, etc. Von Dan. Wil. Trillern. *Leipzig, Cörnern.*,
1723; in-8. de 710 p., plus les tables.

144. Caroli Porée, e soc. Jesu Tragœdiæ editæ operâ P.-Cl.
Griffet. *Lutetiæ Parisiorum, Bordelet*, 1745; in-8, rel.

145. Caroli Porée e soc. Jesu sac. Fabulæ dramaticæ, edit.
ab uno ejusdem soc. sac. *Lutetiæ Parisiorum, Bordelet*,
1749; in-8, rel.

THÉATRE FRANÇAIS.

146. Répertoire général du Théâtre-Français. *Paris, Dabo*,
1821; 67 vol. in-18. — Suite du Répertoire, *ibid.*, 1823;
81 vol. in-18. — Fin du Répertoire, *ibid.*, 1824; 44 vol.
in-18 (manque les vol. 22-34). — Répertoire des mélodra-
mes, 9 vol. in-18. En tout 199 vol.

147. OEuvres de P. et Th. Corneille. Nouvelle édit. ornée du
portr. de Pierre Corneille. *Paris, Béchet*, 1846; gr. in-8.

148. Le Théâtre de P. Corneille, nouvelle édit., revue et enrichie de figures en taille douce. *Paris, Guil. Cavelier,* 1715; 4 vol. in-8 rel., fig.

149. Le Menteur, comédie par P. Corneille. Suivant la copie imprimée à *Paris,* 1691; in-18 rel., fatig.

150. Athalia, tragedia de M. Racine, traduzida, etc., par Candido Lusitano (texte en regard). *Lisboa,* 1762; in-18 relié.

151. L'Ifigenia di Racine, recata in versi ital. da Ant. Buttura. *Parigi, Didot,* 1815. — Dans le même vol. : Athalia, trag. de Juan Racine, trad. del francés par D. Eugenio de Llaguno y Amirola. *Madrid, Ramirez,* 1754; in 12, d.-rel.

152. OEuvres de J.-B. Poquelin de Molière, édit. stéréotype. *Paris, Didot,* 1799; 8 vol. in-18.

153. OEuvres complètes de Molière, édit. illustrée de 140 vignettes, par Janet-Lange, augm. d'une Vie de Molière et de Notices sur chaque pièce, par Ém. de la Bédollière. *Paris, Barba* (1857?); in-4, d.-rel.

154. L'Escole des Maris, comédie de J.-B.-P. Molière, représentée sur le théâtre du Palais-Royal. Suivant la copie imprimée à *Paris,* 1679; in-12 cart.

155. L'Escole des Femmes, comédie par J.-B.-P. Molière. Suivant la copie imprimée à *Paris,* 1679; in-12 cart.

156. La Critique de l'Escole des femmes, comédie par J.-B.-P. Molière. Suivant la copie imprimée à *Paris,* 1680; in-12 cart.

157. Le Festin de Pierre, ou l'Athée foudroyé, tragi-comédie par J.-B.-P. de Molière. Suivant la copie imprimée à *Paris,* 1679; in-12 cart.

158. La princesse d'Élide, comédie du sieur Molière; ensemble les Plaisirs de l'isle enchantée, course de bagues, collation ornée de machines, meslée de danse et de musique, ballet du palais d'Alcine, feu d'artifice et autres festes galantes de Versailles. Suivant la copie imprimée à *Paris,* 1679; in-12 cart.

159. Le Opere di G.-B.-P. di Moliere, etc., trad. da Nic. di Castelli. *Lipsia, Gleditsch,* 1697-98; 4 vol. in-12, fig., rel.

160. L'Avare, com. par M. de Molière. The Miser, a com. from the french of Molière. *London, John Watts*, 1732; in-8, texte en regard, cart.

161. Théâtre des auteurs du second ordre, ou Recueil des Trag. et Com. restées au théâtre, etc. Stéréotypie d'Herhan. *Paris, Mame*, 1808; 5 vol. in-16, d.-rel.

162. Les OEuvres de théâtre de M. de Hauteroche. *Paris, P.-J. Ribou*, 1736; 3 vol. in-8, rel.

163. OEuvres dramatiques de Crebillon, précéd. d'un Essai sur la vie et le théâtre de l'auteur, par C.-M.-J. *Paris, Huet*, 1796; in-4 à 2 col. (*Belle édit.*)

164. La Mort d'Henri IV, trag. en 5 a. et en vers, par Claude Billard, représ. devant la reine Marie de Médicis en 1610; in-8. — Nouveau Théâtre-Français. François II, roi de France, en 5 a. 1747; in-8, rel.

164 *bis.* OEuvres de M. de La Chaussée. *Amsterdam*, 1757; 2 vol. in-8, rel.

165. OEuvres dram. de Néricault-Destouches, de l'Acad. franç. Nouvelle éd. *Paris, Libraires associés*, 1774; 10 vol. in-12, rel.

166. Théâtre de Lafontaine. *Paris, stéréot. d'Herhan*, 1804; in-18.

167. L'Homme dangereux, com. par l'auteur de la Com. des Philosophes (Palissot). *Amsterdam*, 1770; in-8, d.-rel. (Avec les pièces qui s'y rattachent, les Mém. de la vie de l'auteur, etc.) — Les Lois de Minos, ou Asterie, trag. en 5 a., par M. de Voltaire. *Genève et Paris, Valade*, 1773; in-8, d.-rel. — Les Prôneurs, ou le Tartuffe littéraire, com. en 3 a., en vers, par M. Dorat. *En Hollande et Paris, Delalain*, 1777; in-8.

168. Gaston et Bayard, trag. de M. de Belloy, suivie de notes, etc. *Paris, Vᵉ Duchesne*, 1770; in-8. — Le Chevalier sans peur et sans reproche, ou les Amours de Bayard, coméd. héroïque en 4 a., par M. Monvel, représ. par les coméd. franç. *Paris et Lyon, Olyer*, 1789; in-8, d.-rel.

169. Euphémie, ou le Triomphe de la Religion, drame, par M. d'Arnaud; 3ᵉ édit. *Paris, Le Jay*, 1768; in-8, fig., d.-rel. — Fayel, trag., par M. d'Arnaud. *Paris, Le Jay*, 1770; in-8, fig.

170. Jocaste, tragédie en 5 actes. *Paris, Debure,* 1781; in-8. (Avec la dissertation sur les OEdipes.)

171. Le Déserteur, drame en 5 a. et en prose, par M. Mercier, représ. par les coméd. ital. le 25 juin 1782. *Paris, Cailleau,* 1782; in-8, rel., fig. d. s. t.

172. La folle Journée, ou le Mariage de Figaro, coméd. en 5 actes, en prose, par M. de Beaumarchais. *Palais-Royal, Ruault,* 1785; in-8, cart., éd. orig.

173. Chefs-d'œuvre dramat. de J.-F. La Harpe, accompagnés de notes, etc., par Mély-Janin. *Paris, Costes,* 1814; in-12.

174. OEuvres choisies de Saurin avec des remarques, etc., par Ch. Nodier et Lepeintre. *Paris, Dabo-Butschert,* 1824; in-8, portr.

175. Théâtre à l'usage des jeunes personnes (par Mme de Genlis). *Paris, Michel Lambert,* 1785; 5 vol. in-8, reliés. (*Quelques notes manuscrites.*)

176. Théâtre de société, par l'auteur du Théâtre à l'usage des jeunes personnes. *Paris, Lambert* et *Baudouin,* 1781; 2 vol. in-8, d.-rel.

177. Théâtre de M. de Piis et de M. Barré, contenant les opéras com. en vaudevilles, etc. *A Londres (Paris),* 1785; 2 vol. in-18, d.-rel.

178. Théâtre d'un poëte de Sybaris, trad. pour la première fois du grec, etc. *A Sybaris* et *Paris,* 1788; 2 vol. in-18.

179. OEuvres choisies de Favart. Édit. stéréot. *Paris, Didot,* 1813; 3 vol. in-18.

180. Le Vieux célibataire, par Collin d'Harleville, avec notes par Andrieux. *Paris, Panckoucke,* 1824; in-8. — Phédosie, trag. en 5 a., par Eusèbe Salverte. *Paris, Delaunay,* 1813; in-8. — Annibal, trag. en 5 a., par M. Firmin-Didot. *Paris,* 1817; in-8.

181. OEuvres dramatiques de M.-A.-F. Le Siége de Rhodes, Zoaré, Philoctète, Alfred. In-8.

182. David, mystère en 5 actes, par Franç. Philoche. *Paris. Furne,* 1840; in-8. — La Réforme en Allemagne (1521-1525), poëme dram., par Aug. Robert. *Paris,* 1845; in-8.

183. Répertoire du Théâtre-Français, 4 portef. contenant 31 pièces, à savoir : — Nicomède, trag. en 5 actes en vers, de Corneille, représ. en 1657. *Paris, Fages,* 1806; in-8. —

Les Trois Cousines, comédie in-12 (par Dancourt). — La Gouvernante, com. nouvelle en 5 a. et en vers, par M. Nivelle de la Chaussée, représ. le 18 janvier 1747. *A La Haye*, 1747; in-8. — Le Siége de Calais, trag. par M. du Belloy, représ. le 13 février 1765. *Paris, Duchesnes*, 1765; in-8. — Les Deux Frères, ou la Prévention vaincue, coméd. en 5 a. et en vers, par M. de Moissy, représ. le 27 juillet 1768. *Paris, Cl. Herissant*, 1768; in-8. — Hamlet, trag. imitée de l'angl., par M. Ducis, représ. le 30 sept. 1769. *Paris, Gogué*, 1770; in-8. — La Veuve du Malabar, ou l'Empire des coutumes, trag. par Lemierre, représ. le 29 avril 1780; *Paris, Duchesne*, 1780; in-8. — Iphigénie en Tauride, trag. en 5 a., représ. le 4 juin 1757, par M. Guymon de la Touche. *Paris, Delalain*, 1781; in-8. — Le Roi Léar, trag. en 5 a., par M. Ducis, représ. le 20 janvier 1783. *Paris, Gueffier*, 1783; in-8. — Don Carlos, trag., par M. Le Fèvre, représ. en 1783. *Bruxelles*, 1784; in-8. — Le Philinte de Molière, ou la suite du Misanthrope, coméd. en 5 actes et en vers, par Fabre d'Eglantine, représ. le 22 fév. 1790. *Paris, Huet*, an X. In-8. — Le Sourd et l'Aveugle, coméd. en 1 a., représ. sur le Th. de la rue de Louvois le 12 sept. 1791, par J. Patrat. *Paris, Brunet*, 1791; in-8. — Epicharis et Néron, trag. en 5 a. en vers, représ. au Th. de la Républ. le 15 pluv. an II, par Gabriel Legouvé. *Paris, Maradan*, an II, in-8. — Les Héritiers, ou le Naufrage, coméd. en 1 a. de M. Alexandre Duval, représ. le 27 nov. 1796. *Paris, Barba*, 1820; in-8. — Ophis, trag. en 5 actes, par Louis Lemercier, représ. sur le Th. de la République le 2 nivôse an VII. *Paris, Fayolle*, an VII; in-8. — Étéocle, trag. en 5 a., par G. Legouvé, représ. sur le Th. de la République le 27 vendém. an VIII. *Paris, Surosne*, an VIII; in-8. — La Mort de Henri IV, trag. en 5 a. en vers, par Gabr. Legouvé, représ. le 25 juin 1806. *Paris, Renouard*, 1806; in-8. — La Jeune Femme colère, comédie en 1 a. en prose, par C.-G. Étienne, représ. sur le Th. Louvois le 28 vend. an XIII. *Paris, Huet*, 1820; in-8. — La Jeunesse de Henri V, com. en 3 a. et en prose, par Alex. Duval, représ. le 9 juin 1806, et à Saint-Cloud le 22 du même mois. *Paris, Vente*, 1821; in-8. — Hector, trag. en 5 actes,

suivie de plusieurs frag. imités de l Iliade, etc., par Cl.-J·
Luce de Lancival, représ. le 1er fév. 1809. *Paris, Chaumerot*, 1809; in-8, fig.—Ninus II, trag. en 5 a., jouée pour
la première fois le 19 avril 1813, par M. Brifaut. *Paris,
Fir. Didot,* 1814; in-8. — Coriolan, trag. en 5 a., en vers,
de la Harpe, représ. le 2 mars 1784. *Paris, Fages,* 1815;
in-8. — Charlemagne, trag. en 5 a., de M. L.-Nep. Lemercier, représ. le 27 juin 1816. *Paris, Barba,* 1816; in-8.
— Germanicus, trag. en 5 a., en vers, par A.-V. Arnault,
représ. le 22 mars 1817. *Paris, Chaumerot,* 1817; in-8. —
Phocion, trag. en 5 a., en vers, par J.-C. Royou, représ.
le 16 juillet 1817. *Paris, Lenormand,* 1820; in-8. — Jeanne
d'Arc à Rouen, trag. en 5 a., en vers, par M. C.-J.-L. d'A-
vrigni, représ. le 4 mai 1819. *Paris, Ladvocat,* 1819; in-8.
— Les Vêpres siciliennes, trag. en 5 a., précéd. du discours
d'ouverture, etc., par Casimir Delavigne, représ. le 23 oct.
1819. *Paris, Barba,* 1819; in-8. — Louis IX, trag. en
5 a., par M. Ancelot, représ. le 5 nov. 1819. *Paris, Huet,*
1819; in-8. — L'Artiste ambitieux, ou l'Adoption, coméd.
en 5 a., en vers, par M. Théaulon, représ. le 3 juin 1820.
Paris, Barba, 1820; in-8. — Le Mari à bonnes fortunes,
ou la Leçon, coméd. en 5 a., en vers, par M. Casimir Bon-
jour. *Paris, Ponthieu,* 1824; in-8. — Bertrand et Raton,
ou l'Art de conspirer, coméd. en 5 a. et en prose, par
M. Eug. Scribe, représ. le 14 nov. 1833. *Paris, Barba,*
1834; in-8.

184. Odéon, Gymnase. 1 portef. contenant : les Machabées ou
le Martyre, trag. en 5 actes, par M. Alex. Guiraud, représ.
le 14 juin 1822. *Paris, Boulland et Tardieu,* 1823. In-8,
fig. — Le Célibataire et l'Homme marié, coméd. en 3 à.,
en prose; représ. le 16 décembre 1822, par MM. Wafflard
et Fulgence. *Paris, Barba,* 1823. In-8. — Luxe et Indi-
gence, ou le Ménage parisien, coméd. en 5 a., en vers, par
M. d'Épagny; représ. le 17 janvier 1824. *Paris, Barba,*
1824. In-8. — Le Parlementaire, coméd.-vaud. en 1 acte,
par MM. Scribe et Mélesville; représ. sur le th. de Madame, le 8 nov. 1824. *Paris, Pollet,* 1824. In-8. — L'Hé-
ritière, coméd.-vaud. en 1 acte, par MM. Scribe et Delavigne; représ. le 20 décembre 1823. *Paris, Pollet,* 1824.

In-8. — Le Confident, coméd.-vaud. en 1 acte, par MM. Scribe et Mélesville; représ. *Paris, Pollet*, 1826. In-8. — La Lune de Miel, coméd.-vaud. en 2 actes, par MM. Scribe, Mélesville et Carmouche; représ. *Paris*, 1826. In-8. — Répertoire du théâtre de Madame. *Paris, Baudouin*, 1828-29. — Monsieur Tardif. — Coraly ou la Sœur et le frère. — Frontin mari-garçon. — La Vérité dans le Vin. — Une Monomanie. — La nouvelle Clary. 6 p. in-32.

185. Variétés, Vaudeville. 1 portef. contenant : L'Auberge dans les Nues, ou le Chemin de la Gloire. — Petite revue de quelques grandes pièces, en 1 acte et en vaudeville par MM. Dieulafoi, Gersin et Simon ; représ. sur le th. du Vaud., le 7 mai 1810. *Paris, Masson*, 1810. In-8., fig. — La Solliciteuse ou l'Intrigue dans les bureaux, coméd.-vaud. en 1 acte de MM. Théaulon et Dartois ; représ. *Paris, Delaunay*, 1821. In-8. — La Pénélope de la Cité, ou le Mentor de la Jeunesse, coméd.-vaud. en 1 a., par MM. G. Duval, Rochefort et Jouslin de la Salle; représ. sur le th. des Variétés. *Paris, Pollet*, 1824. In-8. — Les trois Aveugles, vaud. en un acte, par MM. Brazier, Mélesville et Carmouche; repr. sur le th. des Variétés, le 24 juillet 1824. *Paris, Quoy*, 1824. In-8. — Le Bénéficiaire, coméd. en 5 a. et en vaudeville, par MM. Théaulon et Étienne; représ. *Paris, Barba*, 1825. In-8. — Kettly ou le Retour en Suisse, coméd.-vaud. en 1 acte, par MM. Duvert et Paulin; représ. sur le th. du Vaud. *Paris, Pollet*, 1825. In-8.

186. Ambigu, Cirque, Porte-Saint-Martin, Gaîté. 1 portef. contenant : Jacquot parvenu, coméd. en 1 acte, en prose, par M. Fonpré; représ sur le th. de l'Ambigu-Com. *Paris, Cailleau*, 1783. In-8. — L'Enfant prodigue, mélodr. en 4 a. et à grand spect., mêlé de pantom., etc.; paroles de Cuvélier, mus. de Bocherini, Haydn, Kreutzer, Pleyel, etc.; représ. à la Porte-Saint-Martin. *Paris, Barba*, 1803. In-8. — Tankmar de Saxe, mélodr. en 3 actes, à grand spect., par J.-J.-M. Duperche; représ. sur le th. de l'Ambigu. *Paris, Fages*, 1805. In-8. — Oromaze et Arimane, ou le Génie blanc et le Génie noir, prologue de la Reine de Persepolis; représ aux Jeux Gymniques, le 11 décembre 1810

Paris, Barba, 1810. In-8. — Le Huit Juillet ou Trois Fêtes pour une, vaud. en 1 a., par MM. de Lespine, etc ; représ. à la Porte-Saint-Martin, le 8 juillet 1816.; musique de Piccini, ballet de Blache. *Paris, Fages*, 1816. In 8. — Le Mariage sous d'heureux auspices, vaud. en 1 a. pour les fêtes du mariage de S. A. R. le duc de Berri, par MM. de Ferrière et Desprez ; représ. à l'Ambigu-Com., le 15 juin 1816. *Paris, Fages*, 1816. In-8. — Clarisse et Lovelace ou le Séducteur, pantom. en 3 a., par M. Henri ; représ. au Cirque-Olymp. *Paris, Barba*, 1817. In-8. — La Pièce d'emprunt ou le Compilateur, com. en 1 a., mêlée de vaud., par MM. Edmond et Amable ; représ. à la Porte-Saint-Martin, le 22 juillet 1820. *Paris, Quoy*, 1820. In-8. — Les Deux Secrets, coméd. en 1 a., en prose, par M. Mélesville ; représ. sur le th. de la Gaîté. *P aris, Bezou*, 1824. In-8.

187. Opéras-Comiques (théâtre de la foire). — Les Petites Maisons. — L'Amour désœuvré. — Le Père rival. — Le Retour de l'Op.-Com. — L'Isle du Mariage. — L'Allure. — La Mère jalouse. — Le Parterre merveilleux. — Le Rival de lui-même. — Le Réveil de l'Op.-Com. — La Lanterne véridique. 10 br. in-12. — Le Rêve, Op.-Com., en 1 acte ; représ. en 1738. — La Famille indigente, fait hist. en 1 acte, mêlé de chant ; représ. sur le théâtre Feydeau, le 4 germ. an II. Paroles de C. Planterre, mus. de G. Gavaux. *Paris, Huet*, an v. In-8. — Lodoïska, coméd. héroïque en 3 a. mêlés de chant, par le C. Fillette-Loraux, mus. de Chérubini ; représ. sur le th. Feydeau. *Paris, Barba*, an XI. In-8. — Les Visitandines, coméd. en 2 actes, mêlée d'ariettes. Paroles de Picard, mus. de Devienne ; représ. à Feydeau en 1792. *Paris, Barba*, an v. In-8. — Renaud d'Ast, coméd. en 2 actes et en prose, mêlée d'ariettes, par MM. Radet et Barré, musique de D'Alayrac ; représ. 29 juillet 1787. *Paris, Brunet*, 1789. In-8. — La Soirée orageuse, coméd. en 1 acte, en prose, mêlée d'ariettes, par M. Radet, musique de Dalayrac ; représ. 29 mai 1790. *Paris, Brunet*, 1790. In-8.

188. Opéras-Ballets, édition Elzeviers (1680). — Le Triomphe de l'Amour. — Bellérophon. — Persée. — Isis. — Proserpine. — Phaëton. — Jason. 7 br. in 18.

AUTEURS ÉTRANGERS TRADUITS
EN FRANÇAIS.

189. Le Théâtre Italien, ou le Recueil de toutes les scènes françaises qui ont été jouées sur le Théâtre-Italien de l'hostel de Bourgogne, augmenté en cette dernière édition. *A Mons, chez Antoine Barbier*, 1696. In 8, rel.

190. Le nouveau Théâtre Italien (de Luigi Riccoboni). *Paris*, 1718. — Griselda. — Hercule. — Le Libéral malgré lui. — Le Prince jaloux. — La Vie est un songe. (Italien et Français). 5 vol. in-12, cart.

191. La Griselda, Adamira, comédies de Riccoboni et de Cicognini, avec la trad. française en regard du texte. In-12, montées in-8.

192. Théâtre Italien, 1737. Recueil factice contenant : La Fille arbitre. — Les Impromptus de l'Amour. — La *** de Boissy. — La Gouvernante. — La Mascarade du Parnasse. — Castor et Pollux. — Le Compliment. In 8, rel.

193. Théâtre Européen. La Mandragore, comédie en cinq actes, par Machiavel (avec une Notice, etc.). *Paris*, 1835. In-8. — La Calandra, coméd. en cinq actes, par le cardinal Bibbiena. *Paris*. Gr. in-8. — Les Voyages de l'empereur Sigismond, ou le Sculpteur et l'Aveugle, coméd. en 4 actes, par Camillo Federici. *Paris*. Gr. in-8.

194. Il Pastor fido, le Berger fidèle, traduit de l'italien de Guarini, en vers français (par l'abbé Torches). *Paris, Claude Barbin*, 1680. In-12, rel., fig. (1672 ?)

195. La Philis de Scire, pastorale du comte Bonnarelli, nouvellement trad. en vers français, avec l'ital. à côté. *Paris, Estienne Loyson*, 1669. In-12, front. grav. et fig., rel.

196. Choix des meilleures pièces du Th.-Italien moderne, trad. en français, avec dissert. et notes par M. E.-B.-D. *Paris, Morin*, 1783. In-8, contenant : *La docte Intrigante*, imitée de Goldoni. — Saül, trag. du poëte italien Alfieri, trad. en vers français, par Achille du Laurens. *Paris, Garnier*, 1850. In-8.

197. OEuvres dramatiques d'Alfieri, trad. de l'italien (en prose), par A. Trognon et autres. *Paris, Brissot-Thivars,* 1822-23 5 vol. in-18, br.

198. Le comte de Carmagnola et Adelchis, trag. d'Alex. Manzoni, trad. de l'italien, par M. C. Fauriel, suivies d'un article, etc. *Paris, Bossange,* 1834. In-8, rel.

199. Antigone, trag. en 3 actes, imitée de Sophocle, par Eug. Magne. *Paris, Dumont,* 1844. In-8. — Antigone, trag. de Sophocle en 5 a., avec des chœurs lyriques, trad. en vers franç., par M. Éloi Johanneau. *Paris,* 1844. In-8. *(Envoi autogr.).* — Sébastien Rhéal (de Césena), Hippolyte Porte-Couronne, drame antique avec chœur, trag. d'Euripide, pour la scène franç. Prélim. hist., etc. *Paris, Dentu,* 1858. In-18. — Hécube, trag. en 3 actes et en vers, imitée du grec d'Euripide, etc. *Paris, Cailleau,* 1793. In-8.

200. Le Théâtre espagnol ou les meilleures Comédies des plus fameux auteurs espagnols. *Paris, J.-C. Rémy,* 1700. In-8, rel.

201. Chefs-d'OEuvres du Théâtre-Espagnol, Lope de Vega, Calderon, Moreto, Mathos Fragoso, Candamo, Solis, Tirso de Molina, Cagnizarès *(sic)*, Comella, Moratin. *Paris, Brissot-Thivars,* 1822. *(Le tom. III seul paru.)* — OEuvres dramatiques de Gorostiza, traduites de l'espagnol, par Marie Aycard. *Paris, Brissot-Thivars,* 1822. In-18.

202. Nouveau Théâtre Allemand, par M. Friedel. *Paris,* 1782. 12 vol. in-8, rel. *(Précédé d'une histoire du Th. Allem.)*

203. OEuvres dramatiques de Schiller, trad. de l'allemand. *Paris, Brissot-Thivars,* 1822. 6 vol. in-18, cart.

204. Wallstein, trag. en 5 a. et en vers, précéd. de quelques réflex. sur le Th. allem., etc., par Benjamin-Constant de Rebecque. *Paris, Paschoud,* 1809. In-8, d.-rel.

205. Théâtre tragique d'Alexandre Soumarocow, traduit du russe par Manuel-Léonard Pappodopoulo. *Paris, Renouard,* 1801; 2 vol. in-8, grav. au frontisp., rel. en 1 vol.

206. Timon d'Athènes (par Shakespeare). In-18, cart. — Les deux Gentilshommes de Vérone, comédie représ. en 1593 (par Shakespeare). In-18, cart.

207. Hamlet, trag. en 5 a., par William Shakespeare, trad.
de M. A. Berbrugger; revue par M. Robertson. *Paris,
Blondeau*, 1845. In-12 *(anglais et français)*. — Catilina,
trag. en 5 a., imitée de l'anglais de Ben-Johnson. *Paris,*
1827. In-8. — Jane Shore, trag. en 5 a., par Nicholas
Rowe, trad. de l'anglais; précéd. de la Vie de Nicholas
Rowe, par Sam. Johnson. *Paris, Ladvocat*, 1824.
In-8.

208. Scènes dramatiques, empruntées à la vie réelle, par
Lady Morgan; trad. de l'anglais, par Mlle A. Sobry. *Paris
Fournier*, 1833. 2 vol. in-8.

209. Théâtre Européen. *Paris*, 1835-40. — Théâtre Anglais,
5 pièces in-8. — La Lune de Miel, com. en 5 a. de John
Robin. — La Critique, com. en 3 a., par Sheridan. — Les
Sœurs, trag.-com. en 5 a., par Shirley. — La Duègne,
op.-com. en 3 a., par Sheridan; représ. en 1775. — Fazio,
trag. en 5 a., par H.-H. Milman.

PIÈCES FRANÇAISES TRADUITES
A L'ÉTRANGER.

210. The Married Man, a com. in 3 a., from *Le Philosophe
marié*, of M. Néricault Destouches, as performed at the
th. roy. Hay-Market, by Mrs Inchbald. *London, Robinson*,
1789. In-8. — Semiramide, trag. del sig. di Crebillon,
trasp. in verso libro toscano da un accad. fiorent.; 2e édit.
Pisa, Petraccini, 1786. In-12. — Gustavo Wasa (di Piron)
(1812?). In-12. — Gli Amanti Sventurati, o sia il conte di
Comingia, dr. di M. d'Arnaud, trad. dal francese dal
S. Marq. Ercole Rondinelli. *Venezia, Savioni*, 1798.
In-12. — Scena d'una tragedia inedita del sig. Arnault,
letta, etc., 5 aprile 1809. In-4 (Parigi). — Falkland, ossia
la Coscienza, dram. del sig. Laya, recato dal francese.
Firenze, 1822. In-8.

211. Hamlet, Treurspel gevolgd naar het fransche Van den
heere Ducis door Ambr. Justus Zubli. *Amsterdam, J. Hel-
ders*, mars 1790. In-16. — De Tempelheeren Treurspel
zoo veel mogelijk, letterlijk gevolgd naar het fransche van

den heer Raynouard, door M. J. Kinker. *Amsterdam*, *H. Gartman*, 1805. In-8.

212. Otélo, o el moro de Venecia, trag. en 5 a., trad. del frances, par L.-A.-C.-A. L.-L.-E. *Madrid, Sancha*, 1802. In-8 rel., m. v. — La Muerte de Abel, trag. en 3 a. y en verso, por el Cindadano Le Gouvé; trad. por D.-Ant. Savinon. *Madrid, Garcia*, 1820. In-12. — El Desafio y el Bautizo, dr. en 3 a., en pr.. escrito por los señores Melesville, Merle y Boyre; trad. por D.-M.-S. *Valencia, Mompié*, 1831. In-16. — El Abate de l'Epée y su discipulo, etc., comedia en 5 actos, par M. Boully, etc.; trad. par D. Juan de Estrada, etc. In-4 à 2 col. (Barcelone). — Tragedia en prosa el Desertor, en 5 a., compuesta por M. Mercier; trad., etc. In-4 à 2 col. (Barcelone).

THÉATRE ITALIEN.

213. Teatro Italiano antico. *Milano, Classici*, 1808. 10 vol. in-8. Portraits, d.-rel.

214. Recueil d'anciens auteurs italiens. 11 p. in-12, fig.; à savoir : La Cassaria, commedia di Lud. Ariosto. — I Suppositi, com. di M. Lud. Ariosto. — La Mandragola, com. di Nicolo Macchiavelli. — La Clizia, commedia di Nicolo Macchiavelli. — Canace, trag. di Sperone Speroni degli Alvarotti. — Edippo, trag. di Gio Andrea dell' Anguillara. — Orbecche, trag. di M. Gio. Battista Giraldi Cintio. — Arrenopia, trag. di M. Gio. Battista Giraldi Cintio. — La Tullia, trag. di Lodovico Martelli. — L'Oreste, trag. di Giov. Rucellai. — L'Antigone, trag. di Luigi Alamanni.

215. Le Stanze, l'Orfeo ed altre poesie di Angelo Poliziano. *Milano, Classici*, 1808. In-8, portr., cart.

216. Tesoretto della lingua toscana, ossia : La Trinuzia, com. del Firenzuola, etc , corred. di note, etc., da G. Biagioli. *Parigi, Fayolle*, 1816; in-8, dem. rel.

216 *bis*. Amor costante del signor Stordito Intronato, composta per la venuta dell' imperatore a Siena, 1531. *Venetia, Bonibelli*, 1595 ; in-12.

217. Rodopeia, trag. di Leonoro Verlato. *Venetia, Ziletti*, 1582; in-16, rel.

218. Roselmina, favola tragisatiricomica di Lauro Settizonio da Castel Sambucco, recitata in Venetia, l'anno 1595, dagli accad. Pazzi amorosi. *Venetia, G. B. Ciotti, 1597*; in-24, vél. (*Quelques piqûres dans la marge.*)

219. Il re Torrismondo, trag. del s. Torquato Tasso. *Vinegia, Gir. Polo., 1587*; in-8, dem.-rel.

220. Le Rime del sig. Torquato Tasso. Parte sesta, contenente Il Rogo di Corinna. — La Fenice. — Aminta. — Il re Torismondo. *Venetia. Deuchino, 1608*; in-8, dem.-rel.

221. Aminta, favola boschereccia del s. Torquato Tasso, di novo., etc. *Venetia, Aldo, 1583*; in-12, fig. s. b. (*Quelques taches.*) Cart.

222. Aminta, favola boscareccia di Torquato Tasso. *Leida, G. Elsevier, 1656*; pet. in-12, rel. (*Quelques piqûres.*)

223. Aminta, favola boschereccia di Torquato Tasso. *Londra, 1783*; frontispice grav. — *Dans le même vol.* : Il Congresso di Citera. In-32, rel.

224. Aminta, favola boschereccia di Torquato Tasso. *Parigi, Renouard, 1800*; in-12. (Toutes marges.)

225. Tirrheno, pastorale dell' eccellentissimo sig. Gio. Battista Pona, medico philosopho veronese. *Verona, Discepolo, 1589*; in-8, vél

226. Il Pastor fido, tragicom. pastor. del cav. Guarini. *S. l. et a.* In-18, mar. r., titre gravé. (*Jolie édit.*)

227. Il Pastor fido, (frontispice gravé et fig.) (*Parigi, Jolly, 1678*). — Facetie, motti e burle di diversi signori, etc. In-32, rel.

227 *bis.* Il Pastor fido, etc., dedicato al citt. Gius. Bonaparte, ambasciad. della rep. francese. *Roma, Nave, 1797*; in-12, fig. rel.

228. Der getreue Schæfer; ein Schauspiel in 5 acten, mit Chœren von Guarini. Aus dem Italienischen. *Breslau, Fellgiekel, 1861*; in-12, fig. grav. sur cuivre par M. Kusel, cart. (*Rogné; manque le titre; très-rare.*)

229. Il Pastor infido, pastorale dedicata all'AA. SS. EE. di Federico III e Carlotta Sofia di Brandeburgo, da Nic. di Castelli pp., in Halla. *Lipsia, Fritsch, 1696*; édit. orig., portr., in-12, grand papier non rogné.

230. Filli di Sciro, del conte Guidobaldo Bonarelli. *Firenze, Conti, 1819*; in-12, fig. et portr.

231. L'Alceo, favola pescatoria d'Antonio Ongaro, fatta reci-
tare in Ferrara, etc., con gl'intramezzi del s. G.-B. Guarini,.
etc. *Ferrara, Baldini*, 1614; in-8, rel., front. gravé.

232. L'Amoroso sdegno, fav. pastorale del s. Fran. Bracciolini al m. ill. G. B. Guarini. *Venetia*, 1598; in-12.

233. Il Finto, com. leggiadra del sig. Luigi Tansillo. *Vicenza,
Greco*, 1601; in-12, vél.

234. L'Harpalice, tragedia di Francesco Bracciolini. *Fiorenza,
Giunti*, 1613; in-12, dem.-rel. de Despierres., front. grav.,
raccom.

235. Amor fidele, comedia di Cajo Gnavio, di Samo. *Venetia,
G. Valentino e G. Violati*, 1615; in-16. (*Rare, en mauvai*[s]
état. Manque le front.)

236. Acripanda, tragedia del sign. Antonio Decio da Horte.
Vicenza, Fr. Grossi, 1617; in-16, cart.

237. Prigione d'amore, comedia nuova dell'ecc. sig. Sforza
Oddi, recitata à Pisa da scolari, etc *Venetia, Imberti*, 1620;
— *Dans le même volume :* I Morti vivi, comedia dell'eccel-
lent. sig. Sforza d'Oddi, nell'academia degl'Insensati detto
il Forsennato. *Venetia, Imberti*, 1617; in-12, rel.

238. La Pazzia di Fileno, favola pastorale di Gio. Donato
Cucchetti. *Venetia, Angelo Salvadori*, 1623; in-16. (*Front.
déchiré.*) — La Verita riconosciuta, overo cogli amici e
colla moglie ci vuol flemma, comedia di M. Giacinto
Andrea Cicognini. *Roma, Moneta*, 1664; in-24. (*Manque le
titre.*)

239. Tempo e Pacienza, overo i fortunati Avvenimenti di
Nicomede, re d'Eraclea, opera tragicomedia del P. D. M. P.
Bologna, Pisarri, 1670; in-24.

240. Li Tradimenti nel traditore, overo la Vigilanza superò
l'Inganno, opera scenica di Bartolomeo Banicchi, etc.
Torino, 1671; in-16, cart., non rogné.

241. Opere del Conte Testi. *Venetia, Nic. Pezzana*, 1663; in-12,
vél., front. gravé; *contenant :* l'Isola d'Alcina, l'Arsinda, etc.

242. Opere poetiche del sig. Ercole Bentivoglio all'ill. mg.
Cornelio Bentivoglio, etc. *In Parigi, Francesco Furnier*,
1719; in 8°, rel. *Contenant :* Il Geloso, comedia; — J.
Fantasmi, *id.*

243. Teatro italiano del secolo XVIII. *Firenze, Cambiagi*, 1784, 4 vol. in-8, rel. en 2. (3, 4, 5, 6.)

244. Parnaso dell'Em. cardinal Delfino, dedicato all'Ecc. sig. Guglielmo di Blandfort. *Utreche, Croon*, 1730; in-8, cart.

245. La Merope, trad. del marchese Scipione Maffei, nuova ed. *Livorno, Giorgi* 1788; in-8. — Merope, tragedia di Scipione Maffei. *Firenze, Pallade*, 1823; in-8, fig.

246. Teatro tragico (e comico) del marchese Giuseppe Gorini Corio. *Milano, Agnelli*, 1744; 6 vol. in-12, cart.

247. Opere drammatiche giocose di Polisséno Fegejo, P. A. (Goldoni). *Venezia, Tevernin*, 1753; 4 tom. en 2 vol., demi-rel. mar. r.

248. Commedie scelte di Carlo Goldoni. *Parigi, Vergani*, anno XI; in-12, dem.-rel., contenant : la Scozzese; — La Vedova scaltra; — Il Bugiardo; — La Moglie saggia.

249. Scelta di alcune commedie dell'av. Carlo Goldoni, per uso dei dilett. della lingua ital. *Firenze, Moro*, 1838; in-12, fig., portr., demi-rel.

250. Commédie scelte di Carlo Goldoni. *Parigi, Thériot*, 1841; in-18, dem.-rel. (de 700 pages).

251. Scelta di alcune commedie del Goldoni; 3 édiz., corretta da L. Pio. *Parigi, Fayolle*, 1806; in-12, *non rogné*.

252. Comedies de Goldoni, trad. en espagnol : El Medico Olandez. — Kouli-Kan. — El Hombre prudente. — El Feliz encuentro. — El Cavallero de espiritu. — Los Commerciantes. — El buen Medico. — La bella Inglesa. 8 br. in-4, à 2 col.

253. Il Fantasima, commedia, anno 1748. *Lugano, nella stamperia della suprema superiorità elvetica*; in-8, cart.

254. L'Annibale Cartaginese, tragedia, ediz. seconda, rived. e corretta dall'autore (Sanseverino). *Bologna*, 1757; in-8, cart.

255. I Letterati, com. nuova. *Firenze, Ciotti*, 1760; in-8, vél. (*Mouillé.*)

256. Manasse re di Giuda, trag. (de Granelli), seconda ediz. (*Modena*, 1772?) in-8.

257. Produzioni teatrali di Francesco di Sangro de' principi di Sansevero. *Napoli*, 1784-1790; 5 vol. in-8°, cart., fig. et portr. (*Pagination séparée à chaque pièce.*)

258. Tragedie di Vittorio Alfieri da Asti. *Lucca, Bertini*, 1817;
  2 vol. in-12, demi-rel.

259. Tragedie scelte di Vittorio Alfieri, publicate da A. Buttura. *Parigi, Lefevre*, 1821; 3 vol. in-32, portr., rel.

260. Opere postume di Vittorio Alfieri : Abele, — I due Al-
  cesti, — I Persiani, — Il Filottete, — Le Rane. *Londra,*
  1804; 2 vol. in-8°, non coupés.

261. Filippo, tragedia di Vittorio Alfieri. *Milano*, anno ix
  repub.; in-12. — Des Grafen Vittorio Alfieri von Asti
  Trauerspiele. Aus dem italienischen metrisch übersetzt
  von J. Rehfues und J. Fr. Tscharner, *Berlin. Unger*, 1804;
  in-8, portr., d.-rel., contenant *Polynice, Virginie, Ros-*
  munda, Saul.

262. Alceste, tragedia postuma di Vittorio Alfieri. *Brescia,*
  Bettoni, 1807; in-4°, *non rogné, cart. (Magnifique édition.)*

263. Scelta di Commedie e Novelle Morali del March. Albergati Capacelli, dedicata con permissione a S. M. la regina
  della Gran Brettagna, dall'editore Ant. Ravelli. *Londra,*
  Cooper e Molini; 2 vol. in-8, demi-rel.

264. Servio Tullio, tragedia di Luigi Parietti. *Torino, Guaita,*
  l'anno xii; in-8, rel.

265. Tragedie di Vincenzo Monti ferrarese. *Firenze, Audin,*
  1822; gr. in-8, portr. Superbe édition tirée à 250 exempl.

266. Teseo, azione drammatica di V. Monti. *Milano, Pirola,*
  1804; in-12. — Cajo Gracco, tragedia di V. Monti. *Milano,*
  Veladini, s. a., in-12.

267. Commedie scelte di Alberto Nota. *Parigi, Baudry,* 1829;
  in-8, dem.-rel.

268. Commedie di Alberto Nota, accad. della Crusca. *Napoli,*
  Tramater, 1829-30; 2 vol in-18, dem.-rel. (Recueil factice.)

269. Commedie scelte del conte Gio. Giraud, *Parigi, Baudry,*
  1829; in-12.

270. Commedie del conte Giovani Giraud. *Firenze, Bala-*
  tresi, 1825; 6 vol. in-12.

271. Componimenti drammatici di Giovanni Gherardini. *Mila-*
  *no, Giusti,*1818; in-12. — Diversi componimenti, cioè una
  novella, un dramma, una commedia di Carlo Gherardini.
  Milano, Destefanis, 1818; in 12.

272. Componimenti teatrali di Speciosa Zanardi Bottioni.
Parma, tip. ducale, 1822; in-8. — Sampiero Corso tr. di
G. C. Gregorj Parigi, 1832 ; in-8.

273. Teatro comico di Fr. Aug. Bon di Venezia. Milano, 1823;
6 pet. vol. en 3, demi-rel.

274. Teatro comico di Fr. Augusto Bon, di Venezia. Milano,
1823 ; 4 t. en 2 vol. in-18, dem.-rel., plus 9 pièces parues
depuis.

275. Tragedie e Poesie varie di Alessandro Manzoni, colle
prose analoghe ed apposita prefazione del barone Camillo
Ugoni. Lugano, Ruggia, 1838; in-12. — Giovanni da Pro-
cida, tragedia di G. B. Niccolini. Capolago, tip. elvetica.
1831; in-12, dem.-rel. — Lorenzino de' Medici , dramma
storico di Giuseppe Revere, con note, etc. Milano, 1839 ;
in-12.

276. Parisina tragedia improvisata da Luigi Cicconi la sera
del 30 novembre 1832, nel teatro Carignano, raccolta e
pubb. da Filippo Delpino stenografo. Torino, Pomba,
1832 ; in-8, portr., dem.-rel.

277. Commedie edite ed inedite per case di educazione mas-
chile del conte caval. Franc. Gambara, Bresciano. Milano,
Visaj, 1834; 2 vol. in-12. — Saggi dramatici di Cesare
Servadio. Firenze, Ariosto, 1839 ; in-12. — Ginevra, ossia
gli Austriaci in Genova, dr. in tre a. Parigi, Baudry, 1835;
in-18. — Nuovi Saggi, dram. di Servadio. Firenze, 1841 ;
in-12.

278. Tragedie, altre poesie e prose del pastore Arcade Che-
lingo Didimeo (Cecconi). Parigi, Truchy, 1840; in-8,
cart.

279. Teatro comico nuovissimo di M. A. Genova, Grondona,
1841; 11 livraisons in-12.

280. Drammi storici di G. Ricciardi : la Lega lombarda. — Il
Vespro. — Masaniello. — La Cacciata degli Austriaci.
Paris, Stassin e Xavier, 1855; in-12. — Bianca Cappello,
dramma in 5 atti , versi di F. dall'Ongaro, rappres. a Torino, autunno 1860. Torino, 1861 ; in-12.

DIALECTES ITALIENS.

281. Opere di C. M. Maggi, commedie (in dialetto milanese).
Milano, Pirotta, 1816; 2 vol in-12, cart., gr. papier.

282. Cun più l'è rotta la s'cunza mei intermezz (bolonais).
Bologna, Longhi, 1778; in-12. — La Sciabola di legno con
Meneghino, soldato ubriaco. *Firenze, Berni.* — La Dama
ed il Zoccolaio, ossia la trasmigrazione di Pulcinella,
com. buffa di Andrea Passaro. *Napoli, Pierro,* 1840; in-16.
— Il Ciabattino medico e la Morte, melodr. favoloso-serio-
faceto. *Aquila,* 1842. — L'una per l'altra, comedia in 2
atti di Giov. Giurdignano, da rappresent. nel Teatro Nuovo,
l'estate del 1844. *Napoli,* 1844; in-18.

THÉATRE RELIGIEUX.

283. L'Adamo, sacra rappresentazione di Gio. Battista An-
dreini fiorentino, alla M. Christ. di Maria de' Medici, reina
di Francia dedicata. Ad instanzia di Geronimo Bordoni,
libraro in Milano, 1617; in-4, fig. — *C'est l'édit. de 1613
avec une altération de date. Exemplaire en mauvais état
et manquant de 4 feuillets. Nous ne mettons ici cette pièce
que par la rareté et l'intérêt qu'elle offre au point de vue
littéraire. On dit que Milton y a puisé l'idée de son Paradis perdu.*

284. Il Trionfo della Fede, per il martirio di S. Biagio,
rappres. tragica composta dal D. Giacomo Ginnari. *Napoli, Nunzio,* 1720; in-12. — Il Zelo animato, ovvero il
gran profeta Elia, tragedia sacra del D. Andrea Perruccio.
Napoli, Muzio Rossi, s. d.; in-12. — Il Trionfo di Giu-
ditta, ossia Bettulia liberata, con la Morte d'Olo-
ferne, tragedia di Mario Ballani. *Firenze, Luchi,* s. d., in-12.
— Il Simbolo della Grazia, ovvero la Cassilda, opera sacra
del D. Filippo Itto. *Napoli, Paci,* 1790; in-12.

285. Il Zelo trionfante per il martirio di san Bartolomeo,
apostolo, tragicomedia sacra data alla luce dall'ill. sig. V. V.
Napoli, Paci, 1784; in-12, cart.

THÉATRE MUSICAL.

286. La Dafne di Ottavio Rinuccini, rappres. alla seren. gran duchessa di Toscana, dal sign. Jacopo Corsi; in-12. — Il Trionfo della Costanza, opera musicale del caval. Cesar Giudici. *Milano*, 1706; in 12. — Pigmalione, opera del conte Zannowich. *Parigi, Didot,* 1773; in-8. — Antioco, dramma per musica di Del Prato. *Parigi,* 1826; in-8.

287. Il Giasone, drama musicale di D. Giacinto Andrea Cicognini academico instancabile. *Milano, Marelli,* (1650). — Alvilda in Abo, dramma in musica di Ventura Terzago. *Monaco,* 1678; in-12, cart. (*Manque le titre.*)

288. Le Peripezie della Fortuna, o il Baiazetto, dramma in musica. *In Valenziena, Fr.-Henry,* stampatore regio, 1770; in-12, rel. en mar., r.

289. Poesie drammatiche di Apostolo Zeno, già poeta ed istorico di Carlo VI, imp., etc. *Venezia, Pasquali,* 1744; 10 vol, in-8, rel. *Excellente édit. imprimée sous les yeux de l'auteur.*

290. Drammi di Pietro Metastasio. *Firenze, Borghi e C.,* etc., 1825; 10 vol. in-32, portr.

290 *bis.* Tragédies-opéra de l'abbé Metastasio, trad. en français par M. Richelot. *Vienne,* 1751; 8 t. en 4 vol. rel.

291. *Pièces de Metastase, trad. en espagnol :* Dido abandonada. — Ciro reconoscido. — La real clemencia de Tito Alexandro en las Indias; 4 br. in-8, à 2 col.

292. Le Feste d'Apollo, celebrate sul teatro di Corte nell' agosto, 1769. *Parma, stamp. reale;* in-4, fig. *Opéras de Gluck.*

293. Alessandro e Timoteo, dramma per musica da rappres. etc. in Parma, 1782. (Mus. de Sarti.) *Parma, stamp. reale,* 1782; in-4. (Avec le nom des artistes.)

294. Ipermestra, o le Danaidi, trag per musica di Ranieri de'Calsaligi. *Napoli,* 1784; in-4, (mus. di Millico). — Adria risorta, cantata a tre voci, umiliata alle LL. AA. SS. Eugenio Napoleone di Francia, vicerè d'Italia, ed Augusta Amalia, dal Commercio veneto, 1806; in-8, recouvert en soie. — I. Gauri; melodr. eroico da rappres. al gran teatro la Fenice nel carnevale 1810; dedicato al Gen Menou; poesia di Gaet. Rossi, mus. di Carlo Mellara. *Venezia;* in-4. (Tiré à petit nombre.) — La Pace dei

Numi, dr. in 1 a., del c, Gio. Giraud, romano. pel giorno natalizio di S. M. il re di Roma, augusto infante di Napoleone il grande imp. de' Francesi e re d'Italia. Parigi, 1813; in-4.

295. Luisa Miller, mélodr. trag en 3 a., de Sal. Camarano, mus. de Verdi. Paris, 1853; in-12. (Exempl. gr. papier, tiré à petit nombre pour la cour. Trad. en regard.)

THÉATRE ANGLAIS.

296. British Theatre. London, John Beil, 1791; 21 vol. in-18, rel. (contenant 90 pièces avec une table générale. Manque le 6e vol).

297. Bell's edition, recueil factice de pièces dramatiques. London, 1777-1781; 14 vol. in-8, dem.-rel.

298. The plays, of William Shakspeare, in ten volumes with the correction and illustrations of various commentators, to which are added notes by Samuel Johnson and G. Steevens, 3e édit. London, Bathust, 1785; 10 vol. in-8, rel., portr. et fig. Excellente édit. contenant les travaux de Maloue, de Rowe, etc.

299. The Works of Shakespeare, in eight volumes, collated with the oldest copies etc with notes, etc, by M. Theobald. London, Woodfall, 1767; 8 vol. in-12, rel., port. et fig. par Gravelot. Edit. estimée. A la fin se trouve une bibliographie de Shakespeare.)

300. Shakspeare's dramatische Werke. Leigzig, Wigand, 1837; 20 pet. vol. in-32, cart.

301. Otello, o il Moro di Venezia, trag. di G. Shakspeare, recata in versi italiani da Michele Leoni di Parma. Firenze, Alanzet, 1814, in-8.

302. Giulio Cesare, trag. di Shakespeare, recata in italiano da Ignazio Valletta. Firenze, Piatti, 1829; in-8. — Otello, trag. di Shakespeare, recata in italiano da Ignazio Valetta. Firenze, Piatti, 1830; in-8 — Coriolano, trag. di Shakespeare, recata in italiano de Ignazio Valletta. Firenze, Piatti, 1834; in-8. — Amleto, trag. di Shakspeare, recata in italiano da Ignazio Valletta, Parigi, Girard; Londra, Rolandi, 1839, in-8.

303. *Théâtre anglais, Recueil factice* in-18, avec gravures et notices, dem.-rel., *contenant :* Much ado about nothing. — As you like it. — The Winters tale. — The Merchant of Venice. — Rule a wife and have a wife. — Cato, a trag. by Joseph Addison, esq., adapted for theat. represent., as performed at the theatres royal, etc. *London, John Bell,* 1791; in-16, fig. et costumes.

304. Il Como, Favola Boschereccia di Gio. Milton, rappres. nel Castello di Ludlow nel 1634, ect.; trad. da G. Polidori, etc. *Parigi, Didot,* 1812; gr. in-8., cart , non rogné. *Édit. tirée à petit nombre pour sir Francis Egerton.* — I. Rivali, com., di R. Br. Sheridan, trad. da Michele Leoni. *Firenze,* 1819; in-8, cart.

305. The dramatic Works of George Colman the younger, with an orig. life of the author. *Paris, Malepeyre,* 1823; 4 vol., in-32, dem. rel.

306. The dram. Works of Mark Ant. Meilan, consisting in three tragedies : Emilia. — Northumberland.-The Friends, etc. — *London,* 17.. ; in-8. rel.

307. Three plays with a preface incl. dram. observ. of the late lieut. gen. Burgoyne, by William Hayley, esq. *Chichester, Mason,* 1811; in-8, cart.

308. English plays, *recueil factice contenant :* John Bull. — The Wheel of fortune. — The heir at law. — King John. Fontainbleau. — The Iron chest. — The Castle of Andalusia. — Lock and Key. — Cato. In-12, gravures, rel.

309. Crichton a trag. in two acts, etc., by Th. Foreman Wilkinson. *Brussels,* 1832; in-8. (Rel. m. r., avec gardes en soie.)

THÉATRE ALLEMAND, SUÉDOIS, ESPAGNOL, ETC.

310. Schiller. Sämmtliche Werke. (OEuvres complètes. *Voir le n° 111*) — La Sposa di Messina, tragedia di Schiller, recata in versi italiani da W. E. Frye inglese. *Mannheim, Schwan et Gotz,* 1826; in-8. — La Congiura di Fiesco, recata in italiano da Pompeo Ferrario. *Milano, Pirotta,* 1819; in-8.

311. Des Freyherrn Johann Friedrich von Cronegh Schriften. *Leipzig, Posch,* 1771 ; in-8, d.-rel. *(contenant les drames).*

312. Oden eller Asarnas utvandring, tragedi i fem akter. *Stokolm.* 1790 ; in-8, dem.-rel.

313 Comedias de Moratin publ. con el nombre de Inarco Celenio. *Paris, Baudry,* 1820 ; 2 v. in-18.

III.

OUVRAGES NON RELATIFS AU THÉATRE.

HISTOIRE ET POLITIQUE.

314. L'Hoggidi overo Il mondo non pegiore nè più calamitoso del passato, del P. D. Secondo Lancellotti. *Venętia,* 1637. in-8 de 700 pages. *Livre fort curieux et tendant à prouver le progrès du mond. contre les détracteurs des temps actuels.*

315. Commentaires sur la retraite des dix mille de Xénophon ou nouveau traité de la guerre, etc., par M. Le Cointe. *Paris, Nyon,* 1766. 2 v. in-12, rel.

316. C. Corn. Taciti omnia quæ extant opera. *Parisiis, Hachette,* 1839, in-12, d.-rel.

317. Tacito volgarizzato da Bernardo Davanzati, riveduto e corretto du G. Biagioli. *Parigi, Fayolle,* 1802. 3 vol. in-12, reliés. *(Traduct. célèbre par son exactitude et sa concision.)*

318. Caii Crispi Sallustii opera quæ supersunt omnia. *Mannheimii,* 1779. Cura et sumpt. societ. litter., in 8 grav. d.-rel. — C. Crispo Sallustio, tradotto da Vittorio Alfieri da Asti. *Milano, Agnelli,* 1810. in-8, rel.

319. Considérations sur les causes de la grandeur des Romains et de leur décadence. Nouvelle édit., à laquelle on a joint le dialogue de Sylla et d'Eucrate, le temple de Gnide, l'essai sur le goût. *Amsterdam, Grasset,* 1761, in 8, rel.

320. Compendio della Storia Romana del D^{re} Goldsmith, trad. D. Francesco Villardi. *Venezia, Tasso,* 1850. in-18, d.-rel.

321. Manuel complet des aspirants au baccalauréat ès-lettres, par A. Delavigne, *Paris, Fortin, Masson et Ce,* 1842. in-12, d.-rel.

322. *Lhomond.* Histoire abrégée de l'Église. *Paris, Société cath.* 1826; d.-rel.

323. Éléments de l'histoire de France depuis Clovis jusqu'à Louis XV, par M. l'abbé Millot. *Paris, Durand,* 1782; 3 v. in-12, rel.

324. Précis chronol. de l'histoire de Lyon, par MM. Guillard frères. *Lyon, Boitel,* 1835; in-8. — Livre rouge, 1774-1789; Règne de Louis XVI. *Paris,* 1848; in-8. — Séance royale, motion de Mgr le duc d'Orléans., par Mad. de Gouges. *Paris,* 1789; in-8. — Départ de M. Necker et de Mad. de Gouges, ou les Adieux de Mad. de Gouges aux Français et à M. Necker. *Paris,* 1790; in-8.

325. D. Goldsmith's abridg. of the Hist. of England with a cont. to the present time, etc. *Paris, Thériot,* 1839; in-8, d.-rel.

326. Histoire des peuples d'Italie, par Charles Botta. *Paris, Raymond,* 1825; 3 vol. in-8.

327. Le Istorie di Francesco Guicciardini ridotte in compendio, etc. *Londra,* 1821; in-8, cart.

328. Michele Baldacchini, Storia Napoletana dell'anno 1647, (avec le portrait de Masaniello). *Lugano,* 1834, in-8. Giuse Gherardi, Note storico-polit intorno la rivoluz. d'alcune prov. centrali d'Italia. *Parigi, Smith,* 1831; in-8.

329. L'Italia militare (di Thibeaudeau). *Parigi,* 1836; in-12. — Per la festa secolare in memoria della cacciata degli Austriaci da Genova nel 1846. Preced. da ragguagli salla fazione dei frat. Bandiera. *Parigi,* 1846; in-32. — Conforti all'Italia ovvero preparam. all'insurrezione (par Ricciardi). *Parigi,* 1846, in-8.

330. 1847—1848. Al sup. tribunale della sagra consulta romana di Cospirazione per la Curia e fisco, etc. *Roma,* 1848; in-4. *(Procès politique célèbre).*

331. La quistione romana all' assemblea francese il 14, 18, 19, 20 ottobre, etc. *Parigi, Firenze,* 1849; in-8. — Appel

à la France par N. Tommaseo, ancien ministre de la république de Venise. *Paris*, 1848; in-8, (*envoi autgr.*) — Die drei Vælker und die Legitimitæt, oder die Italiener, die Ungarn und die Deutschen beim Sturze OEsterreichs, von Arnold Ruge. London und Brighton, 1860, in-8.

332. I. Romani nella Grecia. *London*, 1797, (*sic*). *attrib. à Alfieri, rare. Allusion à l'invasion française en Italie*). — La Confessione saggio dom. storico (di De Sanctis) *Malta*, 1849; in-18. — Il progresso del Peccato. Dalla stamp. amer. in Malta, 1823; br. in-18. — Breve esposiz. della fede gen. dei riformati. etc. *London*. in-12, br. — La Cetra italiana Trece. 1832; in-18. — Appunti sul giuoco del lotto di Mayer. *Torino*, 1844; in-8.

333. A Carlo Alberto di Savoia. Un Italiano. *Parigi*, 1847, in-8 (*par Joseph Mazzini*) — Le tre giornate di Genova (1746), etc. *Palermo*, 1846; in 18. — Ricordi dei frat. Bandiera e dei loro compagni di martirio in Cosenza il 25 Luglio 1844, documentati, etc. da G. Mazzini. *Parigi*, 1845; in-12. — Il Re ex-lege (*Torino*, 1851), in-12. — Al comitato naz. italiano ed agli Italiani Lettera di Gius⁰ Sirtori. *Londra*, 1851; in-8. — Murat e l'unità italiana, 2 ff. in-12 (*Paris*, 1859).

334. I due programmi del ministero Sostegno, par V. Gioberti. *Torino*, 1841; in-8; Discorso pronunciato dal C⁰ Giov, Regis (sull' amministraz. del debito publico), febb. 1848, *Torino*, in-8, gr. — Réponse à M. de Cavour, Henri Cernuschi, *Paris* 1861; in-8. — Risposta alla accusa fattami dal sig. min. Cavour. Enrico Cernuschi (*Paris*, 1861), une feuille.

335. Sunto storico crit. dei fatti nelle prov. venete dal marzo 1848, all'agosto, 1849. (*Vicenza* 1850), in-8. — Fatti e docum. risguardanti la div. Civica e volontari sotto gli ordini del gen. Ferrari, *Venezia*, 1848 (par *Montecchi*).

336. Two Letters to the earl of Aberdeen on state prosecution of the neapolitan govern. by the r. hon. W. E. Glasdtone. *London*, 1851; in-8. — Correspondence betwen the united States and Great Britain, *Washington*, 1856; in-8.

337. Constitution politica de la Monarquia espanola promulg. en Cadiz a 19 de marzo 1812. *Cadiz*, imp. real,

in-12 *(édit. orig.)* — Révolution d'Espagne en 1820, *Paris*, s. a., in-18, grav.—La Spagna dall' ordinam. delle Cortes nel 1812 fino al 1835, di G. Curti, *Lugano*, 1836; in-8.

338. Discorso ai Greci dell' Ionio del cav. A. Dandolo corcirese *Parigi*, 1817; in-8. — Della provincia e del municipio, discorsi di uno slavo, *Roma*, 1847; in-12. — Mémoire justif. de la Révolution roumaine, etc , du 11 (23) juin 1848, *Paris*; in-8.

339. La mia pazzia nelle Carceri. Memorie di Angelo Frignani, *Parigi*, 1839; in-12.

340. Manzoni. Histoire de la colonne infâme, trad. de A. de Latour, *Paris*, 1843; in-8, d.-rel. *(manque le frontispisce)*. Compendio della Storia de' re Longobardi, *Milano*, 1838; in-12.

341. Mahomet, al Koran, Algerie, Études hist., phil., et crit. par Lefloch *Paris-Alger.* 1860; in-12.

342. Costumbres familiares de los Americanos del Norte, por Mistr. Trollope, y trad. por D. J. Floran, *Paris*, 1835; 2 v. in-12.

JOURNAUX, ÉCRITS PÉRIODIQUES.

343. Giornale de' letterati d'Italia. *Venezia*, 1710-1719, 32 vol. in-8, rel. *(complet, recueil estimé en Italie)*.

344. Bibliothèque italique où hist. litt. de l'Italie. *Genève*, 1728-1734, 18 tomes en 9 vol. in-18, rel., portr.

345. La Domenica, giornale, lett. polit. *Parigi*, Luglio 1803 (an XI) al 22 aprile 1804; in-4, cart. Très-rare. *(Les rédact. de ce recueil étaient Galignani, Buttura, Mojon, Tambroni, J. Poggi, etc.*

346. L'Italiano, tomo primo *(unique). Parigi*, 1836; in-4 à 2 colonnes, d.-rel. *(Journal dirigé par M. Accursi.)*

347. Il Pellegrino Giornaletto settim. ad uso degli studiosi della lingua italiana, pub. de L. Bucalossi. *Londra*, 1843; in-4. *(Tout ce qui a paru, dirigé par Mazzini.)*

348. Emporio Italiano Giornale in tre lingue. *Londra*, 1857; in-4. *(Tout ce qui a paru. Journal dirigé par Montemerli.)*

LINGUISTIQUE·

DICTIONNAIRES.

349. D'Alberti di Villanova. Gran Dizionario italiano-francese e francese-ital. *Napoli, Tasso,* 1835 ; 2 vol. in-fol., rel. v.

350. Vocabolario Milanese italiano di Francesco Cherubini. *Milano,* 1839 ; 4 vol. en 2, in-8 grand, d.-rel.

351. Dizionario tascabile veneziano-italiano di Ermolao Paoletti. *Venezia, Andreola,* 1851 ; in-8, rel. en toile. — Appendice e rettificaz. al Diz. bresciano-italiano, etc., di G. B. Melchiori. *Brescia,* 1820; in-8.

352. Nouv. Diction. hollandais-français, enrichi, etc., par l'abbé Olinger. 2ᵉ édit., aug., etc. *Bruxelles, Wahlen,* 1828 ; in-8 grand, d.-rel.

353. Nouveau Dict. port. danois-français et français-danois. Edit. stéréot. *Leipsic, Tauchnitz,* s. a.; in-18, d.-rel', mar. rouge.

354. Nouv. Dict. français-allemand et allem.-franç., à l'usage des deux nations. *Strasbourg, Konig,* 1774. 2 vol. in 8, relié.

355. Dictionnaire gén. anglais-français, nouvellem. rédigé, d'après Johnson, Webster, Richardson, les dict. franç. de l'Acad., etc., par A. Spiers. *Paris, Baudry,* 1846 ; in-8 grand, d.-rel.

356. Nouveau Dict. anglais-français et français-anglais, etc., par E. Clifton. *Paris, Garnier,* 1860 ; in-18.

357. A critical pronouncing Dict. and expositor of the English language (by Walker). *London* (1825 ?) ; in-8, cart. (*Manque le frontisp.*)

358. Diccionario frances español y español frances, mas completo y correcto, etc., por M. Nuñez de Taboada. Nouv. édic., aument., etc. *Paris, Rey,* 1842 ; 2 vol. in-8, d.-rel.

359. Diccionario portuguez francez e latino, novam. compil., etc., por Joaquim José da Costa e Sà. *Lisboa,* 1794 ; in-4 de 550 pages, d.-rel.

360. Corn. Schrevelii Lexicon Manuale graeco-latinum, etc. *Parisiis, Barbou,* 1779 ; in-8, rel.

GRAMMAIRES.

361. Abrégé de la Grammaire grecque à l'usage des commençants, par M. J.-B. Gail. *Paris*, 1822 ; in-8, cart. — Préparation à l'étude de la langue latine, suivie d'une nouvelle méthode, etc., par G. Biagioli. *Paris*, 1829 ; in-8.

362. Grammatica hebraica completa ex iis quae a doct. Petro Guarino, aliisque auct. prod. extracta, etc., a D. Salvatore Verneda et Vila, S. Th. doct., etc. *Matriti, ex typogr. regis*, 1790 ; in-8 gr., papier fort , rel.

363. La Grammaire italienne de Jean Perger, interprète du Roy en la langue allemande. 4ᵉ édit. *Paris, Variquet*, 1674 ; in-12, rel.

364. Regole ed osservaxioni della lingua toscana di Salv. Corticelli. *Bassano*, 1766 ; in-8, d.-rel.

365. Grammaire italienne à l'usage de la jeunesse, par G. Biagioli. *Paris*, 1824 ; in-12, d.-rel.— Il Fraseggiatore toscano. An unique select. of short italian phrases, etc., by M. Fenwick de Porquet. *London*, 1831 ; in-11, cart.

366. Grammatica francese ad uso degl' Italiani, etc., di Gius. Moneta. *Milano*, 1843 ; in-12.

367. Guide de la conversation, français, anglais, italien, etc., par MM. Smith et Ronna. *Paris*, 1845 ; in-18, cart. — Nouveau guide de conversat. modernes. Neuer Leitfadden, etc. *Paris*, 1859 ; in-32, cart.

368. Grammatica della lingua tedesca, di D. A. Filippi. 10ᵉ ediz , per cura di F. D. *Milano*, 1835; in-8 (de 460 p.). —Versuch einer deutschen Sprachlehre. *Strasburg.*, 1817, in-8. — A key to the german language, by A. Brumek. *London*, 1818 ; in-12, rel.

369. Grammaire hollandaise de Ph. La Grue, revue par Guillaume Sewel. 6ᵉ édit., etc. *Amsterdam*, 1806 ; in-8, rel. — Le nouveau petit Dictionnaire, avec des entretiens en français et en flamand, etc. *Gend.*, s. a. in-12.

370. Le nouveau Sobrino ou Grammaire de la langue espagnole réd. à XXIII leçons, par D. Fran. Martinez *Bordeaux*, 1839; in-8, d.-rel.

371. Cours d'espagnol, par Sotos Ochando. *Paris*, 1834 ; in-12. — Compendio elem. Abrégé élém. des différences entre la France et l'Espagne, ou entretiens familiers, etc. *Barcelone*, 1829 ; in-8.

372. Grammatica anal. da lingua portugueza, por Fran. Solano Constancio. *Paris*, 1831 ; in-12. (*Quelques taches.*)

373. Guide des voyageurs en Suède, avec un vocab. français et suédois. *Copenhague*, 1826 ; in-12, cart. — Grammaire abr. de la langue polonaise, par J.-S. Vater. *Halle et Strasbourg*, 1807 ; in-8.

374. Colloque français et breton ou Nouveau Vocab., dialogues, etc. *Brest*, 1832 ; in-8, cart. — A. B. C. Bukvize sa te katiri thelijo slovenske zherke, etc. 1818 ; in-12.

375. Simplif. des langues orientales, ou méthode d'apprendre les langues arabe, persane et turque, par C.-F. Volney. *Paris*, an III ; in-8.

376. Sistema universale e compl. di stenografia, etc., de Samuel Taylor, adatt. alla lingua ital. de E. Amanti. *Parigi*, 1809 ; gravé par Dieu, in-8 gr., relié.

LITTTÉRATURE.

LIVRES GRÉCO-LATINS.

377. Selecta Graecorum exempla in usum scholarum Belgicae. *Bruxellis*, 1781 ; in-8. Bonne rel.

378. Publius Virgilius Maro. Eneid. *Parisiis*, 1823 ; in-18, d.-rel. (*Interfolié à chaque page.*) — Les Géorgiques de Virgile, trad. en vers français par J. Delille, avec texte et notes, etc. *Paris*, 1818 ; in-18. — P. Virgilii Mar. vocabul. omnium index novo ordine dispositus, etc. *Rotomagi*, 1710 ; in-8, rel.

379. Quintus Horatius Flaccus, recens. et emend. F.-G. Pottier. *Parisiis*, 1823 ; in-8 gr. — Lettera di Stef. Arteaga a G. B. Bodoni, intorno alla censura contro l'ediz. dell'Orazio del 1791. *Crisopoli*, 1793 ; in-4, cart. (*Grand papier.*)

380. T. Lucrezio Caro della natura delle cose Libri VI, trad. da Aless. Marchetti. *Londra* (Pickard), 1717 ; rel.

381. L'Apologétique et les Prescriptions de Tertullien, trad. de l'abbé de Courcy, suivie de l'Octavius de Minucius Félix, trad. nouvelle, texte en regard et notes. *Lyon* et *Paris*, 1823 ; in-8, cart. non rogné.

LIVRES FRANÇAIS.

382. La sainte Bible ou l'Ancien et le Nouveau Testament, d'après la version revue par J. Osterwald. *Paris*, 1834; in–12, 2 vol. en un, relié

383. Aventures de Télémaque, par Fr. Salignac de la Mothe-Fénelon. *Lyon, Babeuf*, 1830; in-12, d.-rel. — Direction pour la conscience d'un Roi, comp. pour l'instruct. de Louis, duc de Bourgogne, par Fr. Sal. de la Mothe-Fénelon. *A La Haye, Neaulme*, 1748; in-12, portr. rel.

384. Recueil des Oraisons funèbres pron. par feu messire Benigne Bossuet. *Tulle*, 1808; in-12. — La Vie des gens mariez ou les Obligations de ceux qui s'engagent dans le mariage, etc., par M. Girard de Villethierry. *Paris*, 1738; in-8 rel.

385. Le Journal amoureux, 4e partie. *Paris, Cl. Barbin*, 1671; in-12, rel. — Voleurs et volés, par Léon Paillet. *Paris*, 1856; in-18. — Rosalie. Histoire véritable, par M. Y. *Août* 1755; in-12.

386. Smarra ou les Démons de la nuit, trad. de l'esclavon du comte Maxime Odin, par Ch. Nodier. *Paris*, 1822; in-12, d.-rel. — Georges Sand. Mont-Revêche. *Paris*, 1855; in-16.

387. Raccolta. Mœurs siciliennes et calabraises, par Charles Didier. *Paris*, 1844; 2 vol. in-8.

388. OEuvres de Georges Sand. Les lettres d'un voyageur. *Paris, Perrotin*, 1843; in-12, de.-rel. — P. L. Jacob, Ma République. *Paris* (1861); in-18. — Légendes d'une âme triste, par D. José Guëll y Reuté. *Paris*, 1861; in-18, angl.

389. Résurrection des peuples. La Roumanie renaissante, avec un précis de ses annales, par Seb. Rhéal. *Paris*, 1850 in-4. — La Prophétie du Dante, poëme byronien (par Séb. Rhéal); in-8, portr. — Denis Papin, par G. B. Bertéché. *Cambrai*, 1852; in-4. — Le Siége de Dunkerque par le duc d'York, en 1793, par G. B. Bertéché. *Cambrai*; in-8.

389 bis. Un volume illustré, in-4, contenant : Le comte et la comtesse de Bocarmé. — La marquise de Brinvilliers. — Une voix de prison. — L'esclavage moderne. — Paroles

d'un croyant. — Le Livre du peuple; par Lamennais —
Jacques le fataliste. — La mort de Chatterton. — Contes
de Boccace. — Contes de Lafontaine. — La Coupe enchantée.

LIVRES ALLEMANDS.

390. OEuvres complètes de Gessner. 3 vol. (Cazin); front.
grav., portr., rel. tr. d.

391, Schriften von Friedrich von Malthisson. *Zurich*, 1825;
3 vol. in-12, cart., portr.

LIVRES ANGLAIS.

392. Paradise Lost. a poem in twelve books, by J. Milton,
with the Life of the author. *Paris*, 1804; in-8, d.-rel.

393. Lays and lyrics by C. Rae Brown. *London*, etc., 1855;
in-12, rel. en toile.

393 bis. OEuvres complètes de Walter Scott, trad. de Louis
Barré, illust., par Ed. Frère. *Paris, Bry,* 1850; in-4 à col.
fig. sur bois, d.-rel. (cont. : *Ivanohe. — Quintin Durvard.
— La Dame du Lac. — La fiancée de Lammermoor.*)

LITTÉRATURE ITALIENNE.
(prose.)

394. Scelta di prose italiane d'autori antichi, pub. de A.
Buttura. *Parigi,* 1825. — Scelta di pr. ital. d'autori dell'
Età Media (del 1500 al 1700.) — Scelta di pr. ital. d'au-
tori maderni. 3 vol. in-32.

395. Scelta di prose italiane tratte da' più celebri scrittori,
da P. L. Costantini. *Parigi*, 1812; 2 vol. in-12, belle d.-rel.

396. Bibbia sacra. cont. il vecchio e nuovo Testamento, secondo la volgata, trad. in lingua ital. de Mgr Ant. Martini,
arciv. di Firenze, Ediz. fatta da G. B. Rolandi. *Londra*,
1821; in-8, gr. rel.

397. Apologhi imaginati ed estempor. esposti da Carlo Lodoli.
Parigi, 1800; in-12. — Estelle Romanzo past. del sr Flo-
rian, trad. dall' av. S. Rastelli. *Lione*, 1790; in-8. — Gli

amori pastorali di Dafni e Cloe, descritti da Longo greco, ora per la prima volta volgarizzati da Gasparo Gozzi. *Parigi,* 1781 ; in-8. — Lettere d'una Peruviana, trad. dal Sr Deodati, *Parigi,* 1786; in-12, rel.

398. Trenta novelle di Messer Gio. Boccaccio scelte dal suo Decamerone. *Milano,* 1817 ; in-12, d. rel. — Prose e Rime di mess. Gio. della Casa. *Parigi,* 1727 ; in-8, rel.

399. Novelle morali di Francesco Soave. *Parigi,* 1840 ; in-18, d.-rel. — Paolo e Virginia, di J.-B.-H. de Saint-Pierre, trad. di Loschi. *Parigi,* 1816; in-8.

400. Il nuovo Robinsone, rid. informa di dialogo, etc., del Sr. Enrico Campe, trad. da Gio. Zanobetti. *Livorno,* 1816; 4 vol. en deux, in-8.

401. Costumi dei romani moderni (par Mme Gorelli). in-12 (*curieux*). — I Nastri Azzurri, racconto della Sig. A. H. Drury. Prima versione dall'Inglese, .di Adelaide Benelli. *Parigi,* 1858 ; in-18, d.-rel.

402. Lettere edite ed inedite, di Ugo Foscolo, ai varii suoi amici coll'aggiunta della sua vita. *Torino,* 1841 ; in-8, portrait. — Le Nozze di Buondelmonti, ossia origine della divisione de' Guelfi e Ghibellini, di Fiorenza, d'Ignazio Valletta. *Parigi,* 1836; in-8. — La vita di Erostrato, scoperta da Aless. Verri. in-12. — Gli Efesiaci di Senofonte Efesio volgarizz. da Anton Maria Salvini. *Parigi,* 1800 ; in-18. — Il Tempio di Gnido, trad. dal francese. *Due Ponti,* 1782; in-32.

403. Il Barone di Strebor, Narraż. di G. T. Cimino. *Milano,* 1859; in-12. — Morte di Tristano e della Reina Isotta. *Parigi,* 1854; in-12. — Mario Pagano ovvero dell'Immortalità. Dialogo di Terenzio Mamiani. *Parigi,* 1835 ; in-8.

404. Arlecchino Almanacco d'ogni colore, per l'anno 1850. *Milano,* A. in-24, fig. — Il Nipote dello spirito folletto, almanacco comico, diabolico etc., per l'anno 1850, *Milano*; in-24, fig. sur bois. — Il Nipote del Vesta Verde strenna popolare per l'anno 1850. *Milano*; in-24, fig. — Il nuovo Burigozzo, almanacco del Ricco et del Povero per il 1854. *Milano,* in-8, fig.

405. Strenna piemontese *Torino,* 1843; fig. in-8, cart.

406. Novelle morali di Fr. Albergati Capacelli e di Gianfr. Altanesi. *Parigi*, 1804; 2 vol. en un, d.-rel.

407. Ettore Fieramosca o la disfida di Barletta, per Massimo d'Azeglio. *Parigi*, 1833 ; in-8, d.-rel. m. r.

408. Il Castello di Trezzo, novella storica di Giambatt. Bazzoni. *Parigi*, 1838; in-12, d.-rel., m r.

409. Il primo Vicerè di Napoli, per E.-C. di Belmonte. *Parigi*, 1838; in-12, d.-rel., m. r.

410. Niccolo dei Lapi ovvero i Palleschi ed i Piagnoni, di Massimo d'Azeglio. *Milano*, 1841 ; 4 vol. in-8, rel. en 2 vol.

411. Margherita Pusterla, racconto di Cesare Cantù aggiuntovi la Madonna d'Imbevera, Isotta, Inni Sacri. *Firenze, Le Monnier*, 1845; in-12.

412. Adele racconto di P. L. D. E. *Firenze. Le Monnier*, 1851 ; in-12, d.-rel., m. r.

413. Giovanni dalle Bande nere, racconto storico del secolo xvi, di Luigi Capranica. *Venezia*, 1857 ; 2 vol. in-12, cart.

(Poésie.)

414. Antologia italiana ad uso dell'Umanità magg. nelle scuole del regno d'Italia. *Milano, Classici*, 1810 ; in-12, fort vol. de 800 pages, d.-rel.

415. Scelta di Poesie italiane, d'autori antichi (del 1200 al 1500). pub. da A. Buttura. *Parigi, Baudry*, 1840; in-32, portrait. — Scelta di Poesie italiane, d'autori dell'età media (del 1500 al 1700), ibid. in-32, portrait.

416. Indici ricchissimi della Divina commedia di Gio. Ant. Volpi. *Venezia*, 1819; in-12.

417. Orlando innamorato di Matteo Boiardo; rifatto da Francesco Berni. *Venezia, Antonelli*, 1834; 5 vol. in-32.

418. Orlando furioso, di Lodovico Ariosto. *Orléans*, 1785; 3 vol. in-8, reliés.

419. Ariosto Lodovico, Orlando furioso, pub. da Buttura. *Parigi, Lefèvre*, 1825 ; 8 vol. in-32.

420. Delle Satire rime del div. Lud. Ariosto, libri ii, con le annot. di Paolo Rolli. *Hamburgo*, 1731 ; in-8, rel.

421. La Gerusalemme liberata, di Tasso, pub. da A. Buttura. *Parigi, Baudry*, 1840; 4 vol. in-32, portr.

422. La Secchia rapita, poema eroicom. d'Androvinci Melisone (Tassoni). *Parigi*, 1622; in-16, rel. — Rime dell' abbate Pellegrino Salandri. *Nizza*, 1783; in-12, d.-rel.

423. Satire di Ben. *Menzini*, con note del Salvini, del Biscioni, etc. *Londra*, 1720; in-8, portr. — Satire di Vittorio Alfieri da Asti. *Italia*, S. A. in-12.

424. Scuola degli amanti. *In Venezia*, 1779; in-12. — Il Canto della Straniera, di Grecca da Roma. *Costantinopoli*, 1853; in-12. — La Creazione novella bibblica per Filandro. S. L. et A. in-12. — Saggio di poesie ital. di Ed -Angelini da Venezia. *Parigi*, 1828; in-12. — Breve canzoniere italiano. *Italia*. 1844; in-32. — Maraviglioso testamento di Malora. *Parigi*, 1842; in-12.

425. Le Fantasie romanza di Gio. Berchet. *Parigi*, 1829; in-8. — Pietro Tassence, o il Curato italiano (di C. Angiolini Clericetti). *Parigi*, 1846; in-32. — Epopea biennale, 1848 — 1849. Polimetro di G. Ricciardi. *Nizza*, 1859; in-32. — Poesie diverse fra le quali il despotismo in gogna, di G. Giusti. *Londra*, 1833; in-12. — Poesie di Dom. Cristini corso. *Parigi*, 1843; in-8. — Un Grido, e (ital.-fran.), par Vitt. Merighi, in-8. — Per le Ceneri di Napoleone il Grande, trasportate per opera della Francia, ode alcaica di Lucchetti. *Parigi*, 1840; in-8. — Il Trionfo di Zermaglia, capitolo petrarchesco e alcune altre mostre di poesia ital. da Val. Parisot. *Parigi e Leipzig*, 1847; in-8. — A. S. M. il re Vittorio Emanuele II. Inno di Eug. Caimi. *Parigi*, 1855; in-8, gr. — Per l'incoron. delle LL. MM. Ferdinando Primo, Imp. d'Austria e Maria-Anna-Carolina Pia, nel duomo di Milano. *Il Genio dell'Adriatico*. Poemetto estemp. del Cav. Sig. Visconti Romano, fra gli Arcadi Leocle Megaridense. *Milano*, 1838, in-4.

426. La Coltivazione di L. Alamanni, publ. da Buttura. *Parigi*, 1828; in-32, portr. — L'Arte Poetica di Boileau Despréaux, trad. da Buttura, col testo a fronte, etc. *Parigi*, 1825; in-32.

427. Poésie scelte di Gius. Parini. *Parigi*, 1840; in-32; portr. — Les Quatre parties du Jour à la ville, trad. de l'italien, de Parini. *Milan et Paris*, 1776; in-18, rel.

428. Rime e prose del Dʳ Tom. Crudeli. *Parigi*, 1805; in-12,
d.-rel. — Poesie di G.-M. Giacobbi Marini. *Parigi*, 1828;
in-32.

429. Opere scelte di Vin. Monti. *Parigi*, 1840; in-32; portr.
— Iliade di Omero, traduz. del Cav. Vin. Monti. *Torino*,
1829; 3 vol. in-32, rel. en un. — Tragedie di Vin. Monti.
Firenze, 1842; in-12.

430. Il Camillo, o Vejo conquistato, di Carlo Botta. *Paris*,
1815; in-8 de 555 p., fig.

431. Il Giaurro fram., di novella Turca, scritto de lord Byron,
e recato in versi ital. da Pellegrino Rossi. *Ginevra e Parigi*,
1818; in-12; d.-rel. — Poesie scelte del Cav. Cerretti.
Milano, 1822, in-12.

432. Poesie scelte di Silvio Pellico. *Parigi*, 1840; in-32,
portr. — Novelle scelte ed altre rime di Tomaso Grossi.
Parigi, 1840; in-32.

433. Poesie di Gius. De Spuches, 2ᵉ edit. *Palermo*, 1855;
in-8.

434. Rime scelte di Carrer, Vittorelli, Berchet, Perticari,
Marchetti. *Parigi*, 1841; in-32. — Rime scelte di Baldac-
chini, Borghi, Della Valle, Ricci, Romani, Tommaseo,
Sestini. *Parigi*, 1841; in-32.

435. Poesie italiane, tratte da una stampa a penna, 3ᵃ ediz.
Brusselle, 1846; (de Peppe Giusti, avec la préface de
Mazzini); in-18, d.-rel.

BEAUX-ARTS.

436. De la composition des paysages, ou des Moyens d'em-
bellir la nature, etc., par L.-L. Gerardin. *Genève et Paris*,
1777; in-8. — Degli Etruschi e dell' agricoltura, dell' in-
dustria e delle arti belle presso i medesimi, del C. Cones-
tabile. *Perugia*, 1859; in-8. — Ary Scheffer, par Mme la
marquise Blanche de Saffray. *Paris*, 1859; in-8. — Apollo
e Marsia, di Raffaello Sanzio. In-12.

437. Architettura civile dimostrativ. proportionata et ac-
cresciuta di nuove regole, etc., di Osio. *Milano*, 1661; in-fol.,
fig. et portr., cart.

438. Indicazione, etc. Indication des choses les plus remarq. qui existent à Naplés, etc., par le chanoine D. André de Jorio. *Naples*, 1819; in-8 (*ital. et franç.*). — Viaggio a Pompei, a Pesto e di ritorno ad Ercolano ad a Pozzuoli, dell' ab. Dom. Romanelli. *Napoli*, 1817; in-8, plans.

439. Voyage d'Italie de M. Misson, augmenté d'un 4ᵉ vol., etc., de M. Addisson. *Utrecht*, 1722; 4 vol. in-8, fig., d.-rel.

440. Nouveau Voyage d'Italie, avec un Mémoire cont. des avis utiles, etc. *A la Haye*, 1731; 2 vol. in-8, rel., fig.

441. Verzeichniss der Gemælde Sammlung, von G.-F. Waagen. *Berlin*, 1850; in-12, cart. — Catal. des planches gravées composant le fonds de la calcographie du Louvre. *Paris*, 1860; in-8.

442. Nouveau Guide du Voyageur en Italie, orné de cartes itin. et du plan des villes. *Milan*, *Artaria*, 1829; 2 vol. en 1, in-8, cart.

443. Nouvelle descript. de la ville de Milan, etc., par J.-B. Carta. *Milan*, 1818; in-12, cart., pl.

444. Nuova Guida di Firenze, e suoi contorni colla descriz. della Galleria e Palazzo Pitti. *Firenze*, 1848; in-12, fig. et plan, cart.

445. A Walk round Oxford, dedicated to h. r. h. prince Frederick William, etc., by Carl Rundt. (Texte anglais-allemand et 16 pl. en lithogr.) In-fol. obl. cart.

SCIENCES.

446. Apologie de la vraie théologie chrétienne, contenant l'explic. et la défense de la doctrine de la société dite des Quakers, par Rob. Barclay, trad. par Bridel. *Londres*, 1797; in-8, rel.

447. Eléments de statistique humaine, ou Démographie comparée, etc., par Achille Guillard, docteur ès sciences. *Paris*, *Guillaumin*, 1855; in-8.

448. Congrès international de statistique, par le Dʳ Bertillon. *Paris*, *Martinet*, 1855; in-8. — Statistique des causes de décès; Considérations, etc., par le Dʳ Bertillon. *Paris*, 1856; in-8.

449. De l'Administration des finances de la France, par M. Necker. 1785; 3 vol. in-12, partie rel.

450. Vico et l'Italie, par J. Ferrari. *Paris*, 1839; in 8.

451. Miscellanea di economia pubblica di legislazione e di filosofia, etc., di Luigi Blanch. *Napoli*, 1836; in-8.

452. L'Ordre et le Progrès au XIXᵉ siècle. Recherches sur les causes qui ont produit l'esprit révolut., etc., par Achille Smitti. *Paris*, 1858; in-8.

453. A lexicon of freemasonry containing a definit. of all its communicable terms, etc., by Albert G. Mackey. *Charleston*, 1845; in-12, rel. en toile.

454. Della scienza della vita, discorsi, di Gius. de Filippi. *Milano, Bianchi*, 1830; vol. 1ᵉʳ et unique, d.-rel.

455. Galateo medico ossia intorno al modo di esercitare la medicina, consigli, etc., del Dᵣᵉ G. de Filippi, con appendice, etc., 2ᵃ edizione: *Milano, Molina*, 1841; in-8, d.-rel.

456. Annotazioni di medicina pratica, del Dʳ G. de Filippi. *Milano, Molina*, 1845; in-8 gr., d.-rel.

457. Regno animale, per F. de Filippi. *Milano, Vallardi*, 1852; in-8, gr. sur bois, d.-rel. — Delle Funzioni riproduttive degli animali, etc., per F. de Filippi. *Milano, Vallardi*, 1856; in-12, fig. s. b.

458. Théorie de l'inflorescence, par M. Ach. Guillard. Février 1857; in-8. — Observations sur la moelle des plantes ligneuses, par M. Achille Guillard. *(Paris*, 1847?) in-8, fig.

459. Astronomie des Dames, par Jérôme Lalande. *Paris*, 1820; in-12, fig. — Archéologie, ou Traité des Antiquités, Monuments de l'Art, etc., par Champollion Figeac. *Paris*, 1833; in-24.

460. Philosophie médicale à propos des idéalités de M. le Dʳ Pidoux, ou Recherche des méthodes employées en médecine, par le Dʳ Bertillon. *Paris*, 1857; in-8. — Profession de foi contemporaine, servant de progr. à la Revue du XIXᵉ siècle, par Emile Nerva. *Paris* (1855); in 8. — Lettre à M. Ad. Guéroult, sur le Mont-de-Piété de Paris, par A. Blaize. 1861; in-8.

461. Modo di dirigere i palloni areostatici proposto da Costantino Cernuschi, etc. *Milano*, 1851; in-8, planche. — Notice sur la sphère terrestre en relief, etc, par M. Thury.

Paris, 1856; in-8. — I Passaggi delle Alpi e la Ferróvia del Brennero, cenni dell' ing. Luigi Tatti. *Milano*, 1859; in-8. — Nouvelle Méthode d'exploit. rurale pour l'Algérie, proposée par le Dr Villa Rusca. (*Paris*, 1859.) In-8.

462. De Filippi, Dr Francesco. Sulla riflessione e rifrazione di un fascio di raggi, etc., consid. teoriche. *Genova*, 1848; in-8. — *Dans le même volume* : Principii elementari di Meccanica astratta, dello stesso. *Milano, Vallardi,* 1852.— Allocuzione in morte di Francesco de Filippi. *Genova*, 1651; in-8, d.-rel.

463. Table gén. raisonnée des matières des cinq premières années de la Bibliothèque britannique, etc. *Genève*, an IX ; in-8.

CARTES ET PLANS.

464. Viaggio ai tre laghi *(carte sur toile dans un étui). Milano,* 1837. — Carta dell' Italia superiore e di parte degli stati limit. Riduz. della carta di Bacler d'Albe, etc. *Milano* (sur toile). — Nouvelle carte d'Espagne et de Portugal, dressée d'après Lopez et Tofino, par Herisson. *Paris,* 1823; sur toile.

465. Plan-géom. de la ville de Moscou, etc. *Paris,* 1801; une feuille en un carton, in-8. — Plan de Vienne (Autriche). *Vienne, Artaria,* 1841; sur toile dans un étui. — Reynold's improved distance map of London, on a large scale, etc., cart. — Autre, cart.

BIOGRAPHIE.

466. Le illustri Camille italiane. Narraz. storiche, etc., scritte da Camilla Paltrinieri Triulzi. *Verona,* 1818, in-8, cart.

467. Saint-Simon, sa vie et ses travaux, par M. G. Hubbard, suivi de frag. des plus célèbres écrits de Saint-Simon. *Paris, Guillaumin,* 1857; in-12. — Testaments polit. del sig. Fr.-M. Arouet di Voltaire, traduz. dal francese. 1779; in-8, fig., d.-rel.

468. La Vie de Mme lv duchesse de Montmorency. *Paris,
Cl. Barbin*, 1681; in-8, rel.

469. La Vie de Mlle de Buhy, de la maison de Mornay, par
messire René de Mornay de de la Villetertre. *Paris*, 1685 ;
in-12, rel.

470. Mémoires pour servir à l'histoire de Mme de Mainte-
non et à celle du siècle passé. *Hambourg*, 1756; 5 vol.
in-12, rel.

471. Vie du cardinal de Cheverus, archev. de Bordeaux.
Paris, 1842; in-8, rel.

472. L'Eroismo del magn., etc. Carlo Borbone, oraz. paneg.
di Andrea Lottieri. *Napoli*, 1740; in-4, fig. au front.

473. Il Prigioniero di Ham, ossiano le polit. vicende di Luigi-
Napol. Bonaparte, presid. della Rep. fran. *Milan*, 1850 ;
in-18, portr. — *Renzi A.* Vie polit. et litt. de F. Salfi.
Paris, 1834; in-8. — La Vita di Pietro Mirri, descritta da
Gius^e. Gherardi d'Arezzo. *Parigi*, 1838; in-12. — Com-
ment. sulla vita di Dom.-Ant. Farini da Russi. *Parigi,*
1844, in-. — Una pagina gloriosa della storia d'Italia, Ro-
landino Passaggieri, articolo dell' av^{to} Carlo Monti. *Bologna,*
1847; in-8 — Biografia del Cav. Vin. Peruzzi, gonfalo-
niere di Firenze, da Gius^e. Arcangeli. *Prato*, 1848; in-8.

474. Biographie de Jacotot (par Ach. Guillard). *Paris, Dentu,*
1860; in-4, portr. — Eloge de J.-F. Terme, maire de
Lyon, etc., par M. Louis Guillard. *Lyon*, 1854; in-8. —
Notice sur le marq. de Dreux-Brézé. Notice sur le maré-
chal Molitor. In-8. — Le Biographe et le Nécrologe réunis.
Biographie (divers). In-8. — Repert. hist. des Contempo-
rains. (Biographie de Guëll y Renté.) *Paris*, 1860 ; in-8. —
Etudes biographiques par un indépendant, M. Michelet.
Paris, 1847; in-32, portr.

SUPPLÉMENT.

—

MUSIQUE NOTÉE.

475. OEuvres de Haydn en partitions. Symphonies (gravées par Richomme). *Paris.* 2 vol. in-8.

476. Un vol. in-4, cart., contenant 14 morceaux divers pour piano, etc.

477. Cinderella (*la Cenerentola*), a comic-opera perfor. at the Th. roy. Covent-Garden, composed by Rossini. *London*, gr. in-4, cart. (*Partition compl. augmentée de plusieurs autres morceaux de Rossini.*)

478. Deux vol. in-4, obl., d.-rel., contenant 50 morceaux de chant de Rossini, Bellini, Verdi, Donizetti, Mercadante, etc.

478 bis. Album de piano, 1861, par Lefebure-Wely, et 9 autres morceaux pour piano. In-4.

479. Descrizione del Sipario dell' I.-R. Teatro alla Scala. *Milano, Ferrario.* In-4. — Porte-St-Martin. *Les Sept merveilles du monde.* 1 feuille illustrée. — Année théâtrale de 1824. Répertoire gén. des pièces jouées à Paris, etc. une feuille.

480. Grand chemin de la postérité. (Acteurs et actrices.) 1 feuille pliée et carton., in-4.

481. Un portefeuille contenant des esquisses de machines et de décorations, et des notes m. s. de M. Clém. Contant, ancien machiniste de l'Opéra.

482. Un portefeuille contenant plusieurs centaines de feuilletons sur les théâtres et la musique, depuis 1809 jusqu'à ce jour.

483. Collection complète des affiches du Théâtre Italien de Paris, pendant l'exercice 1852-53.

484. Trois boîtes contenant environ six mille cartes levées pour une bibliothèque théâtrale.

485. Un lot de cartons pour brochures.

IV

ESTAMPES ET DESSINS.

CONSTRUCTIONS THÉATRALES.

Un Portefeuille contenant :

486 — Plans de villes : Paris, 3 pièces; Lyon, Besançon, Livourne, Le Havre, Anvers, Gênes. En tout, 9 pièses.

487 — Théâtres de Paris et Versailles, 7 pièces.

488 — Théâtre de Bayonne, 3 pièces.

489 — Théâtre de Besançon, 3 pièces.

490 — Théâtre de Gênes (Doria et Charles Félix), 7 pièces.

491 — Ancien théâtre de Parme, 9 pièces.

492 — Nouveau théâtre de Parme, 6 pièces.

493 — Projet d'Opéra par Etex. Photographie d'après le dessin, avec texte, 1 feuille.

COSTUMES, PORTRAITS D'ARTISTES.

Cantatrices.

494. Albarelli Vordi. — Albert. — Albertini. — Almonti. — Sophie Arnould. — Amigo. — Francesca Auriol. 13 p.

495. Barilli. — Borghi-Mamo. 3 p.

496. Boulanger. 28 p.

497. Cabel. — Caldarini. — Canzi. — Camoin. — Capdeville Casimir. — Caspani. — Castellan. 14 p.

498. Colon (Jenuy). 25 p.

499. Colson. — Corredi. — Cortesi. — Crétu. 9 p.

500. Colbrand. — Rossini. — Cesari.

501. Descat. — Duez. — Dugazon. — Caroline Duprez. 14 p.

502. Falconi. — Favanti. 3 p.

503. Favelli. — Ferlendis. — Festa Maffei. — Fiorentini. —
Flecheux. 8 p.
504. Gafforini. — Grassari. — Josefa Garcia. — Eugénie
Garcia. — Gassier. — Grinun. — Gueymard-Lauters. 8 p.
505. Lavoie. — Annette Lebrun. — Letellier. — Leclerc. —
Leclere. 17 p.
506. Medori. 2 p.
507. Melas. — Meyer. — Miolan-Carvalho. — Mombelli. 13 p.
508. Morandi. — More. — Mori. — Morello. — Nau. —
Olivier. 14 p.
509. — Paul. — Paulin. — Pilar Pavia. — Pelissier. —
Persiani. — Philipps. — Piccolomini. — Picquet. — Ponchard mère. — Ponchard d'Albert. — Potier. 26 p.
510. Pradher. — Quiney. 29 p.
511. Riboldi (*rares et curieuses*). — Rizzoli, 3 p.
512. Revilly. — Riffaut. — Rigaut Pallar. — Rigaut. — de
Roissy. — Ronzi de Begnis. — Rossi. — Rouillé. — Rou-
vray. 32 p.
513. Sabatier. — Sanchioli — Schiassetti. — Schneider. —
Schrœder Devrient. 6 p.
514. Sontag. 6 p. (*dont une rare et remarquable*).
515. Stolz. 23 p.
516. Thillon (Anna). 18 p.
517. Tedesco. — Tosi. — Treillet-Nathan. — Ugalde. —
Vestvali. 15 p.

Acteurs.

518. Arnal. — Baptiste aîné. — Bocage. 3 p.
519. Chilly 12 p.
520. Chery-Meneau. — Chol. — Clarence. — Clozel. —
Comte. — Coquet. — Colson. — Constant. — Colombier.
— Crecy. — Cullier. 24 p.
521. Edouard. — Emmanuel. — Ermand. — Ernest. —
Eugène. 15 p.
522. Febvre. — Fechter. — Félix. — Raphaël Félix. —
Ferdinand. — Ferville. — Fichet. — Fillion. 22 p.
523. Fonbonne. — Foye. — Fournier. — Francisque aîné.
Francisque jeune. — Franconi. — Frenoy. 21 p.

524. Hyacinthe. — Lafontaine. — Henri Monnier. — Odry.
Potier, — Préville. — Ribes. — Thenard. 8 p.

Actrices.

525. Darcier. —Dupont. —Dupuis. — Georges. — Grandval.
Ida. — Plessy. 7 p.

Chanteurs.

526. Barielle. — Bataille. — Batiste. — Belnie. — Belzoni.
Bessin. 18 p.
527. Bettini. — Bonel. — Bordogni. — Bottelli. — Bouchet.
Roulard. — Boulo. — Bremont. — Brocchi. — Bussine. 23 p.
528. Chollet. 32 p.
529. Couderc. 17 p.
530. Dabadie. 7 p.
531. Davide. — De Begnis. 6 p.
532. Darancourt. — Darcier. — De Grecis. — Delaistre. 9 p.
533. Deslandes. — Donzelli. — Dozainville. — Dupont. 8 p.
534. Duprez. 25 p.
535. Elisi. — Eloi. — Emon. — Euzet. — Fargueil. — Faure.
Féréol. — Firmin. — Flachat. — Fleury. 26 p.
536. Gavaudan. 8 p.
537. Grignon. — Genot. — Godefroy. — Grard. — Graziani.
Gueymard. 17 p.
538. Henri. 17 p.
539. Herman Léon. — Huet. — Hurteaux. 21 p.
540. Inchindi. — Ivanoff. — Jausenne. 10 p.
541. Jeliotte. 2 p.
542. Jourdan. — Juliet. — Junca. 9 p.
543. Kelm. — Lablache. — Laborde. — Lafeuillade. —
Lafond. — Laisnez. 14 p.
544. Levasseur. 18 p.
545. Masset. — Massol. — Meillet. 18 p.
546. Merly. — Michel. — Moker. — Montaubry. — Mont-
jauze. — Moreau. — Moreau-Sainti. — Morelli. — Mo-
riani. 25 p.
547. Naldi. — Noury. — Obin. 7 p.

548. Raffanelli. — Raufagna. — Revial. — Riquier. — Dom. Ronconi. — Georges Ronconi. — Roy. 17 p.
549. Roger. 29 p.
550. Saint-Aubin. — Sainte-Foy. — Santini. — Senesino. — Serda. 12 p.
551. Talon. — Tamberlich. — Thenard. — Tramezzani. 9 p.
552. Valère. — G. B. Verger. — Vial. — Vizentini. — Wartel. Zucchelli. — Zuccoli. 22 p.

Danseuses.

553. Lucile Grahn. — Laprairie. — Ferraris. — Pierrette. — Morando. 5 p.

Acteurs étrangers.

554. Arlequin. — Mezetin. — Le Docteur. — Scaramouche. Salvini. — Garrick. — Lewis. 7 p.

Compositeurs.

555. Grétry. — Hérold. — Monpou. — Musard. — Verdi. 5 p.

Auteurs Dramatiques.

556. Boileau. — Delavigne. — Victor Hugo. — Lafontaine. Laharpe. — Molière. — Racine. — J.-B. Rousseau. — Voltaire. 9 p.

Divers.

557. *Scènes dramatiques.* 7 p.
558. *Mœurs théâtrales et Caricatures.* 4 p.
559. *Costumes divers en couleur.* 9 p.
560. *Gravures de Modes de 1816 à 1840.* 57 p.
561. *Scènes et Costumes de l'Opéra italien de Paris.* 18 p.

---

562. Les Ornements de Raphaël (Loges du Vatican) reproduits en chromo-lithographie à un tiers de la grandeur naturelle, par Marcello Ferrari. 4 feuilles.
563. Environ une demi-rame de papier Verger fort, grand aigle, fabriqué exprès pour une collection de gravures.

TABLE DES MATIÈRES.

RENOU et MAULDE, Imprimeurs de la Compagnie des Commissaires-Priseurs, rue de Rivoli, 144.